reinhardt

Marga Hogenboom

Menschen mit geistiger Behinderung besser verstehen

Angeborene Syndrome verständlich erklärt

Mit einem Geleitwort von Barbara Popp

Ernst Reinhardt Verlag München Basel

Marga Hogenboom, Aberdeen, Schottland, arbeitete als Allgemeinärztin in der Medizinischen Praxis Camphill und ist Schulärztin für die Rudolf Steiner Schulen in Camphill. Sie ist Mitherausgeberin der Zeitschrift „Journal for Curative Education and Social Therapy".

Aus dem Englischen übersetzt von Eva Vogel

Titel der englischen Originalausgabe:
"Living with Genetic Syndromes Associated with Intellectual Disability"
First published in the United Kingdom in 2001 by Jessica Kingsley Publishers Ltd

Titelbild: Image 100 Ltd.

Bibliografische Information der Deutschen Bibliothek

Die Deutsche Bibliothek verzeichnet diese Publikation in der Deutschen Nationalbibliografie; detaillierte bibliografische Daten sind im Internet über <http://dnb.ddb.de> abrufbar.
ISBN 3-497-01647-0

Printed in Germany
Reihenkonzeption Umschlag: Oliver Linke, Augsburg
Satz: Rist Satz & Druck GmbH
Druck und Bindung: Friedrich Pustet, Regensburg

Ernst Reinhardt Verlag, Postfach 38 02 80, D-80615 München
Net: www.reinhardt-verlag.de Mail: info@reinhardt-verlag.de

Inhalt

Geleitwort ... 9
Vorwort ... 10

1 **Gene und Verhalten** ... 16
Die Geschichte der Genforschung ... 17
Chromosomen und Gene ... 19
Menschen mit genetisch bedingten Syndromen ... 24

2 **Jeder entwickelt sich anders** ... 25
Vom ersten Lächeln 26
... bis zur Selbstbestimmung ... 28

3 **Down-Syndrom** ... 31
Geschichte ... 31
Genetischer Hintergrund ... 33
Beispiel: Kerri ... 34
Pränatale Tests ... 37
Körperliche Merkmale ... 38
Entwicklung ... 39
Sprachentwicklung ... 40
Verhalten ... 40
Erwachsen werden, alt werden ... 42

4 **Williams-Syndrom (Williams-Beuren-Syndrom)** ... 44
Geschichte ... 44
Körperliche Merkmale, Sprache und Verhalten ... 45
Beispiel: Alistair ... 46

Neuroanatomie 49
‚Cocktailparty'-Sprechweise? 52

5 **Rubinstein-Taybi-Syndrom** 53
Beispiel: Die Zwillinge Sandra und Lucy 53
Körperliche Merkmale 57
Verhalten 57

6 **Fragiles-X-Syndrom** 59
Geschichte 59
Körperliche Merkmale und Verhalten 62
Sprache 64
Neuroanatomie 65
Grenzerfahrungen: Bart und Joe 65
Beispiel: Ian 67
Betreuung und therapeutische Maßnahmen 72

7 **Fetales-Alkoholsyndrom** 74
Geschichte 74
Frühe Schädigung 75
Beispiel: David 77
Kinder mit Fetalem-Alkoholeffekt 83
Alkoholkonsum bei Vätern 83

8 **Prader-Willi-Syndrom** 85
Geschichte 85
Beispiel: Brian 86
Beispiel: Hans 88
Körperliche Merkmale, Verhalten und Entwicklung 89
Betreuung und therapeutische Maßnahmen 94

9 **Angelman-Syndrom** 96
Geschichte 96
Beispiel: John 96
Angelman-Syndrom in der Kindheit 103

Im Alter zwischen 1 und 3 Jahren 103
Im Alter zwischen 3 und 8 Jahren 104
Ab dem Alter von 8 Jahren 104

Neuroanatomie 107
Betreuung und therapeutische Maßnahmen 107

10 Angelman- und Prader-Willi-Syndrom 110
Genetischer Hintergrund 110
Unterschiede und Gemeinsamkeiten 111

11 Wolf-Hirschhorn-Syndrom 113
Beispiel: Ronald 113

Danksagung 119
Literatur 121
Adressen 126
Sachverzeichnis 129

Ich widme dieses Buch Kaspar Hauser, Kind Europas

Geleitwort

Als Mutter eines dieser Kinder, die die Autorin in ihrem Buch so verständlich und liebevoll beschreibt, freue ich mich, zu diesem Buch ein Vorwort schreiben zu können. Unsere Tochter hat eine sehr seltene Chromosomenanomalie (Ring 15), die eine schwere Mehrfachbehinderung und eine komplizierte Epilepsie beinhaltet.

Gleich zu Beginn stellt die Autorin die Frage, woher wir Eltern die Kraft nehmen, diese uns gestellte Aufgabe zu meistern. Die Antwort ist für meinen Mann und mich die denkbar einfachste: Es ist zum einen die Liebe, die wir für dieses besondere Kind empfinden, und zum anderen motiviert uns die bedingungslose Liebe, die wir von unserer Tochter zurückbekommen.

Es ist für mich von besonderer Bedeutung, dass es der Autorin immer wieder gelingt, die eigene Persönlichkeit des behinderten Menschen zu erkennen und nicht nur die Merkmale der einzelnen Syndrome zu sehen. Es ist ihr Anliegen, durch die Beschreibung der Syndrome und deren typische Merkmale und Auffälligkeiten eine bessere Unterstützung für diesen Personenkreis zu erreichen.

„Menschen mit geistiger Behinderung besser verstehen" ist ein sehr persönliches Buch. Die Beobachtung von Menschen mit ihren verschiedenen Syndromen und den damit verbundenen Eigenheiten ist immer auf deren unverwechselbare Persönlichkeit hin orientiert, dem anthroposophischen Menschenbild zugewandt, der in jedem Menschen eine gesunde, innere Persönlichkeit sieht und anerkennt.

Ich bin mir sicher, dass dieses Buch die Möglichkeit bietet, Menschen mit geistiger Behinderung besser zu verstehen und ihnen somit gerechter zu werden.

Bärbel Popp
Vorstandsvorsitzende der Lebenshilfe München
München, im Mai 2003

Vorwort

Immer wenn ich das Krankenhaus in Aberdeen aufsuche, wo ich des Öfteren hingehe, um meine Studien fortzusetzen, laufe ich gerne durch die medizinische Fakultät und sehe mir die jungen Medizinstudenten an. Es scheint mir schon lange her zu sein, dass ich einst in Utrecht studierte – einer Universitätsstadt mitten in Holland mit einer renommierten Vergangenheit, die bis ins 17. Jahrhundert zurückreicht. Utrecht ist eine bezaubernde alte Stadt mit einer majestätischen Kathedrale, engen Straßen und Kanälen, die in vergangenen Tagen dazu benutzt wurden, Güter per Schiff und Frachtkahn zu transportieren, und die auf beiden Seiten von Lagerhäusern eingerahmt sind. Viele dieser Lagerhäuser sind nun zu Cafés umgewandelt worden, die einen wichtigen Teil des Studentenlebens ausmachen. Die Fakultät für Medizin war früher in verschiedenen, über die Stadt verteilten Gebäuden untergebracht, und ich kann mich gut daran erinnern, wie wir mit unseren Fahrrädern, ein Mikroskop auf den Gepäckträger geschnallt, zwischen den Vorlesungen durch die Straßen der Innenstadt fuhren. Das Anatomielabor befand sich im ältesten Fakultätsgebäude, und bevor man den Vorlesungssaal betrat, konnte man durch das Museum laufen, das voll von anatomischen Kuriositäten war, die in Flaschen mit alkoholischer Lösung aufbewahrt wurden. Es verlieh der gesamten Atmosphäre ein leicht ungewöhnliches Flair.

In meinem vierten Studienjahr machte sich helle Aufregung unter uns Studenten breit; ein neuer Professor wurde berufen, Herman Meir van Praag. Er war weithin für sein Interesse an biologischer Psychiatrie bekannt – an der Erforschung biochemischer Prozesse im Gehirn und deren Auswirkungen auf Verhaltensstörungen. Unter uns herrschte ein vages Gefühl der Missbilligung. Es war die Zeit der anti-psychiatrischen Bewegung; die Ursprünge von Verhaltensstörungen wurden in pathologischen Interaktionen mit der Umwelt und in der Familiendynamik gesucht. Erst vor kurzem entdeckte ich, dass es eine erhebliche Kontroverse um Herman van Praag gegeben hatte. 1997 las ich einen Artikel mit dem Titel „Ein Leben des Kampfes“ (‚Life of Struggle‘, van Bos 1997) über ihn. Herman van Praag erinnerte sich an diese Jahre in Utrecht: Es scheint, dass der Widerstand gegen seine Arbeit sehr deutlich geäußert wurde und das Leben nicht leicht für ihn war. Seine Kinder benötigten gelegentlich sogar polizeilichen Schutz auf ihrem Schulweg. Aber Herman van Praag hatte bereits während seiner Teenagerzeit Kämpfe durchstehen müssen – er war Jude, und er und seine Familie waren während des Zweiten Weltkriegs in ein Konzentrationslager eingeliefert worden und nur knapp mit dem Leben davongekommen.

Zwanzig Jahre später arbeite ich nun als Ärztin in einer Praxis, die an eine Sonderschule angegliedert ist. Es handelt sich um eine Internatsschule, wobei die Kinder während der Ferienzeiten nicht hier sind. Die Kinder leben mit ihren Betreuern in einer Art Großfamilie. Die Betreuer und ihre Familien teilen den Alltag der Schülerinnen und Schüler. Es gibt dort ganz unterschiedliche Schüler – vom Teenager mit alterstypischen Verhaltensproblemen bis hin zum in sich zurückgezogenen, autistischen Kleinkind, das in allen Bereichen auf Hilfe angewiesen ist. Ein großer Prozentsatz unserer Schüler leidet unter genetischen Störungen. Ich interessiere mich für die Auswirkungen dieser Störungen auf die Kinder. Wie ist es möglich, dass Kinder mit verbreiteten chromosomalen Störungen wie dem Down-Syndrom oder dem Prader-Willi-Syndrom nicht nur in ihrem äußeren Erscheinungsbild, sondern auch in ihren Gewohnheiten, Verhaltens- oder Sprechweisen so viel gemeinsam haben?

Eines Tages blätterte ich ein medizinisches Fachbuch zum Thema Genetik durch und war plötzlich gefesselt. Ich erkannte in der Beschreibung eines bestimmten Syndroms eine unserer Schülerinnen, Mira, wieder. Es wurde als seltenes Syndrom mit 47 statt 46 Chromosomen beschrieben. Das zusätzliche Chromosom ist das Chromosom Nummer 15, die so genannte partielle Trisomie 15q. In dieser Beschreibung fand ich Mira wieder. Sie wächst nur langsam, und ich habe mich schon manchmal nach der medizinischen Ursache dafür gefragt. Außerdem ist sie an Epilepsie erkrankt und scheint autistisch zu sein. Allerdings unterscheidet sich ihr Autismus von dem der meisten autistischen Kinder. Üblicherweise vermeidet sie es, uns anzusehen, stattdessen richtet sie ihren Blick nach oben, über unsere Köpfe, so wie es ein neugeborenes Baby tun würde. Sie kommt nicht mit Veränderungen zurecht, und oft sieht man sie elfengleich mit Blättern spielen oder in ihrer eigenen Sprache singend durch das Haus hüpfen. Beide Aspekte wurden deutlich als Merkmale des in dem Artikel beschriebenen Syndroms aufgeführt.

Dieser Artikel veranlasste mich zu einigen Fragen: Kann ein menschliches Wesen durch seine Chromosomen beschrieben werden? Kann ich einen Menschen durch seine Chromosomen besser verstehen? Wie würde dies meine Einstellung zur ‚biologischen Psychiatrie' verändern? Wo in all dem kam Mira vor – die Mira, die es liebt, wenn Menschen Musik machen, die ihren musikalisch begabten Vater anbetet, die sich mit ihrer Mutter und mit ihrem japanischen Betreuer eng verbunden fühlt? Oder wo ist Mira, das junge, reine Wesen, das mit schön geflochtenem Haar so bezaubernd aussehen kann, oder die Mira, die manchmal ganz gequält ist, wenn sie so high wird, dass sie nicht aufhören kann, zu rennen und in ihrer eigenen Singsang-Sprache zu sprechen? Viele Aspekte ihrer Persönlichkeit und ihres Verhaltens sind genetisch bedingt. Ihre Biografie jedoch bleibt einzigartig, weil Mira, trotz allem, ein Individuum ist.

Es gibt einen weiteren Grund, der mich dazu veranlasste, dieses Buch zu schreiben. Er hat mit meinem eigenen (genetischen?) Hintergrund zu tun. Mein Vater war Genforscher. Er forschte auf die altmodische Art und Weise: nicht im Labor, sondern auf Getreidefeldern. 1947 kreuzte er eine Getreidesorte, die kälteresistent war, aber nicht sehr gut wuchs, mit einer amerikanischen Sorte, die spät reifte. Das Ergebnis war eine Getreidesorte, die sich für das niederländische Klima eignete und zur Grundlage der westeuropäischen Getreidekultur wurde.

Er interessierte sich sehr für Augenfarben. „Wenn du braune Augen hast und die deiner Mutter blau sind, bin ich sicher, dass dein Vater braune Augen hatte." Das war oft das Erste, was er sagte, wenn er jemanden kennen lernte. Mein zukünftiger Ehemann wurde auf diese Weise begrüßt. Mein Vater fühlte sich mit den mendelschen Regeln der Vererbung wohlvertraut. Es amüsierte mich, aber die Schwierigkeiten begannen, als mein Verhalten auf dieselbe Weise kommentiert wurde, und ich bestimmte Charaktereigenschaften angeblich von meiner alten Tante Kee und meiner alten Tante Koo geerbt haben sollte. Das ärgerte mich, und ich hätte am liebsten gesagt „aber ich bin anders"; ich war jedoch zu wohlerzogen und hielt meine Zunge im Zaum.

Was wird von unseren Genen bestimmt? Was ist mit unserer Entscheidungsfreiheit? Das hauptsächlich sind die beiden Fragen, auf die mein Buch eine Anwort zu finden sucht.

Eine Oase der Menschlichkeit

Karl König war ein österreichischer Arzt jüdischer Herkunft, der 1939 vor den Nazis fliehen musste. Er ließ sich in Schottland nieder, und eine Gruppe junger Freunde folgte ihm. Sie waren Flüchtlinge in einem fremden Land, während in Mitteleuropa der Krieg tobte. Diese Gruppe stellte sich selbst die Aufgabe, sich um eine andere Gruppe von ‚Flüchtlingen' vor der Gesellschaft zu kümmern – Menschen mit geistigen Behinderungen, und das zu einer Zeit, 1940, als es in Schottland kaum Sonderschulen gab. Sie nahmen die Kinder auf und bauten eine große Wohngemeinschaft auf. Niemand wurde für seine Arbeit bezahlt, und die Arbeitszeiten waren lang. Der erste Ort, an dem das Gemeinschaftsleben begann, war Haus „Camphill", dasselbe Haus, wo ich später mit elf behinderten Kindern, neun Betreuern, meinem Mann und unseren drei Kindern zusammengelebt hatte.

Heutzutage gilt das Recht eines Kindes auf Erziehung und Bildung als selbstverständlich, aber in den frühen fünfziger Jahren stellte dies einen neuen Ansatz dar. Der Impuls, den diese Gruppe von Flüchtlingen gab, hat sich auf der ganzen Welt verbreitet, und „Camphill" ist jetzt ein weltweites Netzwerk, das sich der Versorgung von mehr als 3000 behinderten Kindern, Jugendlichen und Erwachsenen widmet.

Welche Ideale versuchte Karl König umzusetzen, und worauf gründete er seinen Ansatz? Das Hauptideal bestand darin, den einzigartigen ‚gesunden Geist' in jedem Individuum zu erkennen, unabhängig von seiner Rasse, seinem Geschlecht oder seiner ‚Behinderung'. Er war auch überzeugt davon, dass ein geistig behindertes Kind zur Schule gehen sollte, und deshalb wurde eine offizielle Schule in der Camphill-Gemeinschaft gegründet. König war ein Anhänger der Lehren Rudolf Steiners, daher nannte er die neue Schule ‚Camphill-Rudolf-Steiner-Schule'.

Doch wie ist es, ohne Bezahlung oder feste Arbeitszeiten zu leben und unser Leben mit behinderten Kindern und Jugendlichen zu teilen? Ist dies jetzt, im 21. Jahrhundert, immer noch möglich? Müssen wir neue Wege finden zusammenzuleben und zusammenzuarbeiten? Dies sind durchaus berechtigte Fragen und nicht leicht zu beantworten. Diese Lebens- und Arbeitsweise erlaubt eine Intensität und Konzentration, die sich als vorteilhaft für die Schüler erwiesen hat, aber sie erfordert auch ein ungeheures Maß an Einsatz von den Betreuern. Ein weiterer Aspekt ist, dass die manchmal sehr großen, fest etablierten Camphill-Gemeinschaften von der Welt um sie herum isoliert erscheinen können, wie Inseln für sich. Dies ist allerdings immer seltener der Fall. Die Zusammenarbeit mit der Außenwelt wächst kontinuierlich, und die neueren Gemeinschaften sind von Anfang an viel stärker in ihre Umgebung vor Ort integriert. So suchen die verschiedenen Camphill-Gemeinschaften nun nach einer Antwort auf folgende Frage: Wie ist es im 21. Jahrhundert möglich, genug Privatsphäre aufrechtzuerhalten und gleichzeitig den Bedürfnissen eines behinderten Menschen gerecht zu werden? Das Leben in Camphill ist nicht immer ideal: Spannungen entstehen, Verantwortlichkeiten türmen sich auf, ein Kind läuft weg oder wird krank, Schüler reagieren aggressiv und Betreuer werden müde. Dennoch gehören die Situationen, als ich mich als ‚Mitmensch' mit den ‚besonderen' Kindern verbunden fühlte, zu meinen wertvollsten Erinnerungen. Diese Momente der Menschlichkeit, die diese Art von Leben ermöglicht, trage ich als innere Schätze in mir.

Beim Schreiben dieses Buches fühle ich mich besonders von Oliver Sacks inspiriert, der die Tradition der ‚Fallstudien' fortsetzte, bei denen Menschen mit Krankheiten in Zusammenhang mit ihrem Umfeld beschrieben werden. In seinem Buch sucht er immer nach der Persönlichkeit, die mit dem Syndrom lebt. Er schreibt:

> „Wenn man sich die Akten von Patienten ansieht, die in den zwanziger und dreißiger Jahren in Asyle oder Bezirkskrankenhäuser eingewiesen wurden, so findet man äußerst detaillierte klinische und phänomenologische Beobachtungen vor, die häufig in erzählende Beschreibungen von fast romanhafter Fülle und Dichte eingebettet sind. Mit der Einrichtung strenger diagnostischer Kriterien und Handbücher sind diese Fülle und phänomenologische Offenheit verschwunden, statt dessen findet man magere Notizen, die kein Bild der Welt des Patienten ergeben, sondern ihn und seine Krankheit auf eine Auflistung diagnostischer Kriterien reduzieren." (Silvers 1997)

Ich möchte im Folgenden verschiedene Syndrome beschreiben und versuchen, den besonderen Charakter der jeweiligen Behinderung herauszufinden ebenso wie die Persönlichkeiten hinter den Syndromen. Ich teile mein tägliches Leben nun seit mehr als 18 Jahren mit Menschen, die unter vielen verschiedenen Arten von Entwicklungsstörungen leiden. Im Alltagsleben ist die Diagnose nicht wirklich relevant – was zählt, ist die Persönlichkeit – Mike, sagen wir mal, oder Carla. Als Ärztin komme ich oft nicht umhin, spezielle Charakteristika zu bemerken, aber sie treten in den Hintergrund, wenn alle zusammen Weihnachten feiern. Vielleicht scheint dieses Buch zu positiv, vielleicht sogar sentimental. Warum aber nicht die Verzweiflung und den Schmerz der Eltern diskutieren, die Unsicherheit im Hinblick auf die Zukunft oder die Schuldgefühle? Sollte ich nicht darüber schreiben, wie man einem Jugendlichen hilft, seine Grenzen zu erkennen? Jugendliche mit Entwicklungsstörungen haben auch Träume von der Zukunft, aber nur wenige dieser Jugendlichen werden in der Lage sein, zu heiraten, Kinder zu bekommen und ein unabhängiges Leben zu führen. Und dann die eigentliche Frage: Woher nehmen Eltern und Betreuer die Kraft, mit dieser schwierigen Arbeit weiterzumachen? Ein Großteil meiner Arbeit fällt in diese Bereiche: Eltern zu unterstützen, Betreuern dabei zu helfen, das Kind besser zu verstehen, die Kinder dabei zu unterstützen, ihren eigenen Platz im Leben zu finden. In diesem Buch habe ich versucht, ein besseres Verständnis für die Menschen zu schaffen, die mit bestimmten Behinderungen leben müssen.

1 Gene und Verhalten

Ich lebe bereits seit mehreren Jahren in Schottland. Hier gibt es wunderschöne, aber raue Berge. Auf den Berggipfeln kann das Wetter sehr wechselhaft sein, und im Frühling und Herbst schneit es oft. Viele Menschen fühlen sich von der Herausforderung dieser kalten, windigen, winterlichen Orte angezogen. Jedes Jahr kann man von neuen Tragödien in der Zeitung lesen – wie im April 2000, als zwei Bergsteiger tot in den schottischen Bergen aufgefunden wurden. Damit stieg die Gesamtzahl der Todesopfer in dem Winter auf 15. Oft handelt es sich um gesunde junge Leute, meist Männer.

Von Zeit zu Zeit sehe ich mir gerne die Fotos von glanzvollen Berühmtheiten in Magazinen an. Eine Ausgabe zeigte ein junges, ungewöhnliches Paar; sie, die Tochter eines Herzogs, die in Luxus aufgewachsen war, er ein verurteilter Bankräuber. Sie hatten sich im Gefängnis kennen gelernt: Sie war dort ehrenamtlich tätig, er saß eine Gefängnisstrafe für bewaffneten Raubüberfall ab. In der Zeitschrift sprachen sie über die Geburt ihres zweiten Babys, auf die sie sich sehr freuten, doch nur wenige Wochen vor der Geburt ging er bergsteigen – allein. Er kehrte unversehrt zurück, aber der Ausflug war nicht ungefährlich, denn zur selben Zeit gingen fünf andere Leute im gleichen Gebiet bergsteigen und kehrten nie wieder nach Hause zurück.

Warum erzähle ich diese Geschichten? In dem Buch *Das unausweichliche Erbe. Wie unser Verhalten von unseren Genen bestimmt ist* (1998) von Dean Hamer und Peter Copeland wird der Zusammenhang von DNS und Verhalten behandelt. Eine der untersuchten Verhaltensweisen ist die ständige Suche nach dem Reiz des Neuen oder nach dem Nervenkitzel (‚novelty-' oder ‚thrill-seeking'). Wir unterscheiden uns alle nach dem Grad an Aufregung, der uns Wohlgefühl beschert: Der eine Mensch ist glücklich damit, mit einem Buch vor dem offenen Feuer zu sitzen, während ein anderer klettert. Die

Forschung hat nun gezeigt, dass das Ausmaß des Strebens nach dem Nervenkitzel zu einem gewissen Grad durch ein Gen bestimmt wird, welches das ‚thrill-seeking'-Gen genannt wird. Ich bin sicher, dass der Bankräuber und die Bergsteiger ausgeprägte ‚thrill-seeking'-Gene oder ‚novelty-seeking'-Gene besitzen.

Es wäre ein naheliegender Gedanke, dass solche Aspekte unserer Persönlichkeit in unseren Genen zu finden sind. Allerdings ist es nicht ganz so einfach: Nach Harris (1995) sind noch viele weitere Gene am ‚novelty-seeking' beteiligt. Nur zehn Prozent des ‚novelty-seeking' könnten auf dieses eine spezifische Gen zurückgeführt werden. Wie stark bestimmen Gene also unser Verhalten? Beim Durchschnittsmenschen ist die genetische Codierung zu vielfältig, um ein bestimmendes Gen klar ausmachen zu können. Wenn man jedoch Menschen mit genetischen Syndromen und einer geistigen Behinderung betrachtet, liegt die Sache anders: Wir wissen mehr über ihre genetische Codierung, aber heißt das auch, dass wir ihr Verhalten erklären können, indem wir ihre genetische Verschiedenheit heranziehen?

Es ist eindeutig einfacher, die Verbindung zwischen Genen und Verhalten bei Menschen mit besonderen genetischen Syndromen zu erforschen, und deshalb interessieren sich Wissenschaftler für diese Gruppe von Menschen. Ich habe den Eindruck, dass ihnen nicht einfach nur daran liegt, diesen Menschen in ihrer Entwicklung zu helfen, sondern dass sie in ihnen vielmehr eine einzigartige Gelegenheit zur Erforschung der Funktionsweise des Gehirns, der genetischen Veranlagung und des Verhaltens sehen. Tatsache ist, dass es auch bei Menschen mit genetischen Syndromen und Lernbehinderungen Persönlichkeitsmerkmale gibt, die von ihrer genetischen Struktur beeinflusst sind. Ich würde jedoch bestreiten, dass allein ihre Gene die Persönlichkeit bestimmen.

Die Geschichte der Genforschung

Die Geschichte der Erforschung des Zusammenhangs von Genen und Verhalten ist faszinierend, aber sie zeigt uns auch mögliche Gefahren. Im Jahre 1866 beschrieb Langdon Down, der Arzt, der zuerst das Down-Syndrom beschrieb, auch ganz klar spezifische Verhaltensmuster bei seinen ‚Mongoloiden'. Zu jenem Zeitpunkt in der

Geschichte wurde dies zunächst nicht weiterverfolgt: Die Welt der Medizin war zu der Zeit kaum an diesen Beobachtungen interessiert. Das besondere Interesse richtete sich auf eine andere Disziplin – die der Eugenik. Francis Galton (1822–1911), ein Cousin von Charles Darwin, war Gründungsmitglied dieser Bewegung.

'Eugenik' ist die Bezeichnung für das Studium der Vererbbarkeit von Gesundheit und davon, wie 'wünschenswerte' menschliche Eigenschaften durch 'Zucht' stimuliert werden könnten, während die Geburt von Menschen mit 'unerwünschten' Eigenschaften verhindert werden sollte. In den USA florierte die Forschungstätigkeit, und es wurden Familien beschrieben, in denen 'unerwünschte' Eigenschaften weitervererbt wurden. Eine Familie wird insbesondere erwähnt: die Kallikals. In dieser Familie gab es 143 Menschen mit geistigen Behinderungen, 26 uneheliche Kinder, 33 Prostituierte, 24 Alkoholiker und 3 Kriminelle; 82 Kinder starben in ihrer frühen Kindheit. Solche Familien wurden sterilisiert, um 'die Rasse zu schützen'. Eugenik wurde auch in Europa praktiziert, aber Großbritannien erließ nie ein 'Eugenik-Gesetz' – d. h. ein Gesetz, welches das Recht eines Menschen auf Fortpflanzung beschneidet. Die USA verabschiedeten als Erste ein solches Gesetz, gefolgt von Schweden, Kanada, Norwegen, Finnland, Estland und Island. Deutschland praktizierte auch Eugenik, und Hitler ging – mit fürchterlichen Konsequenzen – viel weiter als alle anderen.

Nach dem Zweiten Weltkrieg bewegte sich das Hauptinteresse in der Verhaltensforschung weg vom Einfluss der Gene und hin zum Einfluss der Umweltfaktoren. Dies gipfelte darin, dass 'gefühlsarme' Mütter für Krankheiten wie Autismus und Schizophrenie verantwortlich gemacht wurden (Nelkin/Lindee 1995; Jordan 1999).

In den siebziger Jahren des letzten Jahrhunderts wuchs das Interesse an und das Wissen über Genetik. Dies hatte 1957 mit der 'ersten' chromosomalen Störung begonnen, der Trisomie 21 oder dem Down-Syndrom. Im Jahre 1970 kannte man über zwanzig Chromosomenstörungen. Die Möglichkeit, kleine chromosomale Störungen zu diagnostizieren, machte weitere Entwicklungen möglich (Connor/Ferguson-Smith 1997). Diese Entwicklung spiegelt sich in der enormen Zunahme an Wissen über Gene. Im Juni 2000 wurde angekündigt, dass die Entschlüsselung des menschlichen Genoms durch das 'Human Genome Project' einen 'ersten Entwurf' erreicht hatte. Dies gilt als bemerkenswerter Erfolg, der medizinische Fortschritte ermöglichen wird. Es herrscht aber auch einige Besorgnis darüber vor, wie die Menschheit mit diesem Wissen umgehen wird. Wer möchte über die genetisch bedingte Anfälligkeit für bestimmte Krankheiten Bescheid wissen, wenn es keine Heilmethode gibt?

Chromosomen und Gene

Menschen haben 23 Chromosomenpaare oder 46 Chromosomen insgesamt. 22 Paare davon, die Chromosomen 1 bis 22, heißen ‚Autosome'. Beim letzten Paar handelt es sich um die Geschlechtschromosomen, die sich je nach Geschlecht unterscheiden: Männer haben sowohl ein X- als auch ein Y-Chromosom; Frauen haben eine XX-Anordnung. Während der Meiose (der Bildung von Spermium oder Eizelle) spalten sich die Chromosomen in zwei Gruppen auf, so dass 23 Chromosomen im Spermium oder der Eizelle übrig bleiben. Beide tragen dann jeweils die Hälfte der Chromosomen für einen Embryo bei, sollte es zur Befruchtung kommen.

Gene sind Teil einer unsichtbaren, ererbten genetischen Struktur. Sie spielen in unserer Kultur nicht nur auf dem Gebiet der Medizin eine immer wichtigere Rolle. Versicherungsgesellschaften haben bereits großes Interesse an unserer genetischen Struktur entwickelt. Bald könnte eine bestimmte genetische Veranlagung massive finanzielle Folgen haben.

In Großbritannien wurde jüngst entschieden, dass Versicherungsgesellschaften nach dem Ergebnis eines genetischen Tests für Chorea Huntingdon fragen dürfen, eine dominante Erbkrankheit, die sich in wachsenden Bewegungsschwierigkeiten und in Demenz im Alter zwischen 30 und 40 Jahren äußert und zu einem frühen Tod führt. Die Versicherungen behaupten, dies sei zum Vorteil der jeweiligen Familienmitglieder, da ihnen ein negatives Testergebnis ermöglichen wird, sich versichern zu lassen. Aber wo bleiben die Menschen mit einem positiven Testergebnis?

Dorothy Nelkin und Susan Lindee beschreiben die wachsende Bedeutung der Gene in der amerikanischen Kultur in ihrem Buch *The DNA Mystique* (1995). Sie analysieren das Bild der Genetik in der Volkskultur, wo die DNS reißerisch als Erklärung für Aspekte wie Persönlichkeit, Kriminalität und individuellen Erfolg oder individuelles Versagen dienen. Sie zeigen, dass Gene zu einer Metapher für alles an uns geworden sind. Gene haben inzwischen die Götter ersetzt: Unser Schicksal steht nicht mehr in den Sternen geschrieben, sondern in unseren Genen.

Ein weiteres wichtiges Bild der Gene in unserer Kultur wird von Richard Dawkins dargestellt, der das Buch *Das egoistische Gen* (1976) geschrieben hat. In diesem Buch nennt er Menschen „Überlebensmaschinen – Robotervehikel, die blind darauf programmiert sind, die egoistischen Moleküle zu bewahren, die wir als Gene kennen". Die Verfasserinnen von *The DNA Mystique* betonen, dass diese äußerst materialistische und anti-religiöse Denkweise die DNA als unsterblich betrachtet und das Individuelle, Einzigartige eines jeden Menschen als irrelevant darstellt. Ihre eigene Denkweise ähnelt hingegen dem religiösen Ansatz vergangener Jahrhunderte, als der Glaube an die unsterbliche Seele und die Bedeutungslosigkeit irdischer Belange vorherrschte.

Die Interpretation medizinischer Forschungsergebnisse auf dem Gebiet der Genetik ist nicht immer konsequent. Ruth Hubbard, eine Biologieprofessorin, weist auf die Gefahren hin, die mit dem Glauben an genetische Vorherbestimmung einhergehen. Sie spricht sich gegen Bemühungen aus, lebende Organismen im Sinne von „wichtigen Molekülen" zu deuten – nämlich die in der DNS (Hubbard/Wald 1997). Dies könne zu einseitigen Schlussfolgerungen führen. So erwähnt sie die Forschung an Männern mit der XYY-Chromosomenvariante (die meisten Männer haben eine XY-Struktur). Um 1960 wurden verschiedene Artikel über diese Gruppe von Männern veröffentlicht. Die Schlussfolgerung bestand darin, dass sie häufiger als andere Männer aggressiv und kriminell seien: Ein höherer Prozentsatz von Häftlingen als erwartet besäße diese XYY-Struktur. Später stellt sich dies aber als Fehlschluss heraus: Männer mit XYY führen oft ein normales Leben, und diejenigen, die im Gefängnis waren, hatten oft kein Gewaltverbrechen begangen.

Die Wissenschaft von der Genetik kann weit reichende Konsequenzen haben, was der ganze Aufruhr um das geklonte Schaf Dolly (eine Zelle vom Euter eines Schafs stellte das genetische Material für Dolly) deutlich machte. Plötzlich wurde die Möglichkeit denkbar, Menschen zu klonen. Was wären die Folgen? Viele Menschen waren beunruhigt, und der damalige US-Präsident Bill Clinton forderte eine vorläufige Einstellung der Forschungstätigkeiten im Zusammenhang mit dem Klonen von Menschen. Am 20. Dezember 2000 berichteten britische Schlagzeilen, dass sich die Parlamentsabgeordneten in ihrer Abstimmung für die Möglichkeit des Klonens menschlicher Embryos bis zum Alter von 14 Tagen ausgesprochen hatten.

Es bleiben die zentralen Fragen: Leben wir in unseren Genen? Enthalten sie die Essenz unseres Menschseins? Wissenschaftler haben herausgefunden, dass 98,4 Prozent der menschlichen DNS mit der DNS eines Schimpansen identisch sind. Könnten die restlichen 1,6 Prozent wirklich all die Informationen über unsere Menschlichkeit, inklusive unserer Kultur, Musik, Sprache, Literatur und wer weiß, was sonst noch, enthalten? Tatsächlich besitzen alle Menschen 99,9 Prozent derselben genetischen Struktur. Also sind wir vielleicht doch mehr als nur unsere Gene.

Es ist uns möglich, Chromosomen sichtbar zu machen, aber wie verhält es sich mit Genen? Wer hat schon jemals ein Gen gesehen? Das Wort ‚Gen' wird häufig gebraucht, aber das Konzept ist noch nicht einmal hundert Jahre alt. Der Biologe W. Johannsen führte das ‚Gen' 1909 ein, aber er stellte keine Verbindung zu den Chromosomen her – er wollte nur aufzeigen, dass vererbte Eigenschaften im Spermium oder in der Eizelle gefunden werden könnten.

1953 wurde die Grundsubstanz des Gens entdeckt: Desoxyribonukleinsäure (DNS). Im selben Jahr entwarfen James Watson und Francis Crick ein Strukturmodell der DNS. Die 23 Chromosomenpaare befinden sich in den Zellkernen einer jeden unserer Zellen, und jedes Chromosom besteht aus DNS-Strängen, die eine Doppelhelix bilden. Der Hauptstrang dieser Doppelhelix besteht aus wiederkehrenden Zucker- und Phosphat-Molekülen. An jedem Zuckermolekül hängt eines von vier Molekülen oder Basen: Cytosin, Adenin, Guanin und Thymin, die durch die Buchstaben C, A, G und T gekennzeichnet sind. Eine aus einer Base, einem Phosphat und einem Zucker bestehende Gruppe nennt sich ‚Nukleotid'. Aufgrund der Regel, dass sich entgegengesetzte, komplementäre Stränge zu Paaren zusammensetzen, trifft T immer auf A, C immer auf G. Die schwache Anziehungskraft oder Bindung zwischen den zwei Basen des Paars hält die zwei Stränge der Helix zusammen. Diese Paarbildung oder Bindung zwischen den Basen in Kombination mit ihrer linearen Verteilung auf dem DNS-Strang ermöglicht es uns, die Abfolge der Basen in der DNS zu bestimmen. Die Chromosomen sind unterschiedlich groß, so besitzt jedes zwischen 50 und 250 Millionen Basenpaare.

Watson (1968) hat ein spannendes Buch geschrieben, in dem er die Stimmung während der Entdeckung der Doppelhelix beschreibt. Er war erst 25 Jahre alt, ein junger Amerikaner voller Forschungsdrang. Crick wird als heiterer, brillianter englischer Wissenschaftler beschrieben, dessen Ideen bisher nie zu etwas besonders Großartigem geführt hatten. Nach der Lektüre dieses Buches wurde mir klar, dass diese Pionierarbeit nie ohne die Unterstützung einer großen Gruppe von Wissenschaftlern stattgefunden hätte.

Viele von uns haben dieses klare Prinzip in der Schule gelernt: die DNS kann einen Boten produzieren, d. h. ‚Boten-RNS' oder bRNS. Dieser Bote produziert ein Protein (Enzym), und dieses Enzym lässt eine spezielle Eigenschaft entstehen: DNS → bRNS → Protein → Eigenschaft.

Dieser ‚zentrale Leitsatz der Molekularbiologie', der 1950 von Crick entwickelt wurde, schien klar und unkompliziert, doch die Wissenschaft hat sich weiterentwickelt, und es wurde offensichtlich, dass die Realität viel komplexer ist. Nichtsdestotrotz war die ursprüngliche Theorie leicht zu verstehen, und seither wurden Zeitungsartikel auf ihrer Botschaft begründet. Beispiel: „Ein neues Gen für Fettleibigkeit entdeckt!" Die Öffentlichkeit wurde nicht darauf aufmerksam gemacht, dass wir es hier mit einer extremen Vereinfachung der Realität zu tun haben.

Die Wirkungsweise der Gene ist weit komplexer, als dieser vereinfachte Mechanismus glauben machen will. In Wirklichkeit kann die DNS durch ihre Umgebung beeinflusst werden; die ursächliche Wechselwirkung zwischen DNS und Protein-Bildung ist nicht linear und direkt, sondern nicht-linear und zirkulär (Wirz 1997).

Uns wurde der Eindruck vermittelt, Gene hätten feste Identitäten, aber dies ist weit von der Wahrheit entfernt. Gene bedeuten je nach Wissenschaftler etwas anderes, wie David Heaf schreibt:

> „Ein klassischer Genforscher sieht ein Gen als eine Einheit von Erbinformationen, die nach den mendelschen Regeln der Vererbung verschiedene Eigenschaften (z. B. Augenfarbe) von Elternteil zu Nachkomme weitergibt. Für einen Biologen ist es ein Stück von Basen auf

einem DNS-Strang, welches einen Code für eine Funktionseinheit in der Zelle liefert. Ein Evolutionsforscher betrachtet ein Gen als eine Zellkomponente, die robust genug ist, um als Grundlage der Evolution zu dienen. Und das Gen des Biochemikers ist ein Stück DNS, das die Zelle dazu benötigt, ein Protein herzustellen." (Heaf 2000)

Das Genkonzept verliert sogar noch an Schärfe, wenn die folgenden Eigenschaften in Betracht gezogen werden: Gene können sich entlang der DNS-Kette in mehrere Teile aufspalten oder Basensequenzen besitzen, die sich mit anderen Genen überlappen. Häufig haben sie wegen ihrer assoziierten Flanken- und Kontrollsequenzen keine klar definierten Enden. Die Flüssigkeit des Genoms und die so genannten ‚Jumping-Gene' haben zur Folge, dass Gene häufig nicht ständig an derselben Stelle in den Chromosomen oder der DNS vorzufinden sind.

Betrachtet man die DNS als den einzigen, alles bestimmenden Faktor, ist der Schritt zu einem eugenischen Denken nicht weit, und zwar nicht ‚von oben' durch Gesetze reglementiert wie im 3. Reich unter Hitler, sondern als ‚Wahlfreiheit' verkauft, was Druck ‚von unten' gleichkommt – der Zwang zur Konformität. In dieser Art von DNS-Denken sind Menschen mit genetischen Syndromen Irrtümer der DNS, der Verknüpfung, und sollten nicht geboren werden dürfen.

Wir können das Ergebnis einer genetischen Variation nie genau vorhersehen. Aber unabhängig davon: Wie können wir eine Meinung über den Wert des Lebens eines solchen Menschen äußern? Worauf ich auch in Kapitel 13 eingehen werde, ist, dass der Wert eines Lebens nicht nur an der Leistungsfähigkeit eines Menschen gemessen werden kann: Ein Mensch mit einer Behinderung beeinflusst sein Umfeld – und dabei häufig gar nicht auf negative Art und Weise.

Ein weiteres Bild, das uns helfen kann, Gene zu verstehen, könnte folgendermaßen aussehen: Gene könnten mit den Buchstaben des Alphabets gleichgesetzt werden. Das alte Paradigma (Denkschema) würde sie als Buchstaben in einem Scrabble-Spiel sehen – es macht keinen Unterschied, wo oder wann das Spiel gespielt wird, die Punktzahl hängt vom Wert der Buchstaben ab. Ganz anders verhält es sich mit den Buchstaben eines Gedichts. Die Buchstaben bilden Worte. Manchmal berühren mich die Worte, manchmal lassen sie mich kalt.

Menschen mit genetisch bedingten Syndromen

Beim Schreiben dieses Buches bestand der größte Kampf für mich in dem Versuch, den ungeheuren Einfluss zu verstehen, den eine spezifische Gendeletion (= das Fehlen eines kleinen Teils eines Gens) oder Expansion (= in einem Teil eines Gens wiederholen sich zusätzliche Nukleotidsequenzen) auf die Biografie eines Menschen haben kann, wie es beim Angelman-Syndrom, dem Prader-Willi-Syndrom und dem Fragilen-X-Syndrom der Fall ist. Es ist leichter zu verstehen, dass ein zusätzliches Chromosom, wie es beim Down-Syndrom der Fall ist, einen ziemlich großen Einfluss auf einen Menschen hat. Mein Eindruck ist, dass diese spezifischen genetischen Variationen den Gestaltungsfreiraum des betreffenden Menschen einschränken. Dies werde ich im nächsten Kapitel ‚Das erste Lächeln' weiter ausführen.

Menschen, deren Leben von ihrer genetischen Variation beeinflusst wird, sehen nicht nur anders aus und leiden an Lern- oder geistiger Behinderung; die genetische Änderung wirkt sich auch auf ihre Gefühlsreaktionen, ihre sozialen Beziehungen und ihren Sprachgebrauch aus. Um einen besseren Zugang zu diesen Menschen zu finden, sollten wir versuchen, dies alles zu berücksichtigen. Aber am wichtigsten ist mir, in der Überzeugung zu arbeiten, dass jeder Mensch einzigartig ist, und dass seine genetische Konstellation lediglich eine besondere Art ist, in der seine Einzigartigkeit zum Tragen kommt.

2 Jeder entwickelt sich anders

In der westlichen Kultur gehören große Familien mehr oder weniger der Vergangenheit an. Ich wuchs in einer römisch-katholischen Gegend in Holland auf, wo große Familien noch immer recht häufig sind, aber unsere Familie war klein, mit ‚nur' fünf Kindern. Mein Mann hat 10 Geschwister, nichts Besonderes in einer Straße, wo die Nachbarn 16 Kinder hatten. Vor ein paar Jahren traf ich eine weitere große Familie: Vater, Mutter und 11 Kinder. Sie waren ziemlich musikalisch und hatten ein Familienorchester, das für uns spielte. Ich kann mich nicht mehr an die Musik erinnern, aber sehr wohl an die Kinder im Alter von 3 bis 16 Jahren. Die jüngeren Kinder waren sich alle äußerlich sehr ähnlich – der gleiche Haarschnitt, dieselben Gesichtszüge.

Wenn wir ein neugeborenes Baby ansehen, versuchen wir festzustellen, ob es seiner Mutter oder seinem Vater ähnlich sieht. Wir Eltern fühlen uns ziemlich stolz, wenn das Baby uns ähnelt. Wir erhielten einmal ein ungewöhnliches Kompliment für unser drittes Baby. Ein Besucher sah sich unseren kleinen Sohn an, dann uns, und rief dann voller Erstaunen aus: „Wie seid ihr zu so einem hübschen Baby gekommen?"

Kinder werden in das Erbgut ihrer Eltern und ihrer Vorfahren hineingeboren. Erwachsen zu werden bedeutet, allmählich mehr und mehr unsere eigene Persönlichkeit zu entwickeln, bis wir für gewöhnlich unsere Familie verlassen und lernen müssen, auf eigenen Füßen zu stehen und unseren eigenen Weg zu gehen. Jene Großfamilie demonstrierte mir perfekt die Entwicklung eines Menschen. Aber wie geht dieser Prozess der Individualisierung vonstatten? Wie gelingt es uns, diesen ‚ererbten Körper' und das Umfeld, in dem wir aufwuchsen, in unsere eigene Individualität zu integrieren? Warum haben manche Menschen größere Schwierigkeiten damit?

Vom ersten Lächeln ...

Ein neugeborenes Baby ist unglaublich offen: es nimmt die Welt intensiv und mit stetem Blick auf. Ein bedeutender Moment ist der, wenn das erste Lächeln durchbricht, wenn sich das Gesicht des Kindes zum ersten Mal aufhellt und der ernste Ausdruck verschwunden ist. Zu diesem Zeitpunkt betritt das Kind wirklich unser soziales Umfeld. Der niederländische Dichter Frederik van Eeden beschrieb dies rührend in dem Gedicht „Als unser Kind lächelte":

Das allererste Mal da unser Kind lächelte
Schwebte es von weiten, stillen Landen herunter
Wo es kein Gehör und keinen Blick besaß
Und einzig durch ein inneres Licht lebte.

Ich habe bisher noch kein englisches Gedicht gefunden, welches das erste Lächeln eines Babys so wunderschön umschreibt. In dem berühmten Kinderbuch *Mary Poppins im Park* gibt es ein Kapitel über die Geburt von Annabel, dem fünften Kind der Familie (Travers 1994). Annabel ist gerade erst geboren worden und liegt in ihrer Wiege. Die Krähe kommt zu ihr und fragt, woher sie gekommen sei. Annabel antwortet: „Ich bin Erde und Luft und Feuer und Wasser; ich komme aus dem Dunkeln, wo alle Dinge ihren Anfang nehmen." Die Krähe ist sehr enttäuscht, als Annabel nach einer Woche ihre Herkunft vergisst.

Wenn das Baby zum ersten Mal gerichtet und reaktiv lächelt, empfinden wir das wie eine Antwort des Kindes auf unser Verhalten. Welche Freude! Welch strahlende Liebe! Das Kind scheint sich mit dem ganzen Körper zu freuen. Die Bewegungen, die von angeborenen Reflexen bestimmt werden, werden gemeistert. Allmählich werden die Sinneseindrücke weniger überwältigend, und das Kind kann diese Eindrücke besser einordnen und entsprechend reagieren. Natürlich ist dies alles relativ.

C. Trevarthen, eine Koryphäe auf dem Gebiet der Kinderpsychologie und Psychobiologie, hat die frühe Interaktion mit Kleinkindern ausgiebig erforscht (Trevarthen et al. 1998). Er zeigt, dass Kinder mit einem angeborenen Drang zu kommunizieren auf die Welt kommen, dass sie Ziele, Interessen und moralische Absichten haben. Sie sind kein ‚unbeschriebenes Blatt'. Das Kind entwickelt sich, lernt zu sprechen und Dinge in seiner Umgebung zu benennen. Es beginnt zu denken, Vorstellungen zu entwickeln. Durch diese Prozesse gewinnt es langsam an Unabhängigkeit und Freiheit. Ebenso wichtig ist für das Kind, mit seiner Umgebung in Verbindung zu treten. Eine Art und Weise, wie Kinder dies tun, ist durch Nachahmung: Wenn wir zu einem kleinen Baby sprechen, bewegt es den Mund; ein Kleinkind folgt seiner Mutter durch das Haus und möchte sauber machen wie Mama. Diese Nachahmung erstreckt sich nicht nur auf Taten und Worte des Erwachsenen, sondern auch auf deren Absichten. Durch diese Nachahmung schafft das Kind eine Verbindung zur Welt, und genau diese Nachahmung ist so furchtbar schwierig für ein autistisches Kind.

Das gesunde Kind wird nun zunehmend selbstständiger; es befindet sich in einem gesunden Prozess des Erwachsenwerdens. Jedes Kind reagiert unterschiedlich auf seine Eindrücke und seine Umgebung, und die Umgebung reagiert wiederum auf das Kind. Selbst in einer großen Familie erleben keine zwei Kinder dasselbe.

Warum habe ich all dies dargestellt? Weil die Entwicklung nie geradlinig verläuft. Wenn man Entwicklungsprobleme hat, ist der Prozess der ‚Vereinnahmung' des eigenen Körpers, der Verbindungsaufnahme zur Umwelt, immer verändert. (Ich benutze das Wort ‚gestört' nicht – gestört würde bedeuten, dass es *eine* richtige Art gibt, wie man sein sollte, *eine* richtige Art, sich zu entwickeln.) Die Unterschiede sind bei Menschen mit einem genetischen Syndrom und niedriger intellektueller Begabung auffällig – die motorische Entwicklung verläuft nicht frei, die Persönlichkeit kann nicht vollständig zum Ausdruck kommen, bestimmte Gesten sind charakteristisch für das jeweilige Syndrom, die Fähigkeit, Sinneseindrücke in abstrakte Vorstellungen zu verwandeln, ist begrenzt. Bei manchen Syndromen, wie z. B. dem Down-Syndrom, ist das Verhalten oft zu einladend, zu offen gegenüber dem Umfeld. Denken Sie an die typische äußerst freundliche, offene Art eines Menschen mit Down-Syndrom. Die Hypersensibilität eines Menschen mit Fragilem-X-Syndrom ist auch ein Zeichen für eine sehr starke Verbindung mit dem Umfeld. Bei anderen Syndromen, beispielsweise dem Prader-Willi-Syndrom, bestehen Schwierigkeiten oder sogar eine Unfähigkeit, die Dinge aus der Sicht einer anderen Person zu sehen.

Wir Menschen sind faszinierend, weil wir uns entwickeln, neue Erfahrungen machen und neue Fertigkeiten erlernen können. Ich finde nichts bewegender, als Zeugin zu werden, wie ein Kind neue Schritte in seiner Entwicklung macht. Wir alle kennen die Freude darüber, wenn ein Kind laufen lernt. In den Kindern wird ein Versprechen künftiger Entwicklung sichtbar. Wie schaffen wir es aber als Erwachsene, dieses Versprechen, diese Möglichkeit der Entfaltung am Leben zu erhalten? Es scheint fast, als ob, wenn die ‚normale' Entwicklung unterbrochen wird, die Einzigartigkeit eines Menschen verborgen bleibt und sich ein grauer Schleier herabsenkt.

Das zusätzliche Chromosom oder der Mangel an bestimmten Genen beeinflusst Aussehen, Bewegungen und Gefühlsreaktionen. Es bedarf oft besonderer Anstrengung, das Individuum kennen zu lernen, das mit einem dieser Syndrome lebt.

... bis zur Selbstbestimmung

Jeder Mensch ist einzigartig und hat seine eigene Biografie; dies trifft natürlich auch auf Menschen mit einem genetischen Syndrom zu. Wenn man sich der spezifischen ‚Färbung' bewusst ist, die ein Syndrom einem Menschen verleiht, kann man ihn besser akzeptieren und ihm besser helfen. In jedem Menschen ist ein Zusammenspiel von Anlage und Umwelt am Werk; vielerlei Faktoren beeinflussen uns und wirken auch gegenseitig aufeinander ein. Bei Menschen mit einem genetischen Syndrom kann schließlich die Genetik eine wichtigere Rolle spielen als alle anderen Elemente. Dieser Mensch braucht vielleicht Hilfe, damit er stärkere Macht über seine Gefühle, sein Verhalten, seine Gewohnheiten und seinen Körper erlangt. Der Vergleich, den Truida de Raaf als Variante einer platonischen Metapher (Phaidon) liefert, verbildlicht dies gut: Sie vergleicht den Menschen mit einer Pferdekutsche (Niemeijer et al. 1999). Die Kutsche ist ein Bild für den Körper: Sie kann beschädigt sein, schön oder hässlich. Die Pferde symbolisieren die Seele: Sie können gut geschult und feurig sein oder vernachlässigt und schwer unter Kontrolle zu halten. Der Fahrer, der die Zügel in der Hand hält, symbolisiert die Individualität: Er oder sie muss mit der gegebenen Kutsche und den Pferden arbeiten.

Manche diskutieren mit den Kindern über deren ‚gutes' und ‚schlechtes' Benehmen. Dieser Ansatz impliziert aber eine Freiheit, die einige Kinder mit genetischem Syndrom nicht haben: die Möglichkeit, zu wählen, wie man sich verhält. Das Verhalten dieser Kinder ist ein Ausdruck für ihre unterschwellige Angst, ihre Unsicherheit, Spannung, Schmerz, Wut oder Enttäuschung.

Es ist auffällig, dass die Anwesenheit von Bezugspersonen dem Kind ein Gefühl der Sicherheit geben kann – besonders bei Kindern mit unvorhersehbarem, schwierigem Verhalten und starken Gefühlsschwankungen. Nehmen wir *Kevin,* einen ziemlich schwierigen Jugendlichen, der junge Betreuer schlagen, treten und sie zur Verzweiflung bringen konnte. Doch wenn man ihm in Begleitung eines älteren, erfahrenen Betreuers begegnete, sah man einen anderen Menschen vor sich – einen, der angenehm und kooperativ sein konnte, auch wenn er natürlich immer noch geistig behindert war. Er hatte gelernt, sein Gefühlsleben durch die Anwesenheit eines erfahrenen Betreuers zu kontrollieren. Es ist verständlich, dass dies nicht so einfach war, wenn er mit einem noch nicht sehr erfahrenen Betreuer zusammen war. Wir hofften, dass Kevin lernen würde, in sich selbst etwas Frieden zu finden, so dass er nicht so abhängig von der Gegenwart eines erfahrenen Betreuers wäre. Dies geschah im Lauf der Jahre tatsächlich, er gewann an Reife und wurde beträchtlich ruhiger.

Beim Prozess des Erwachsenwerdens und der Entwicklung von Selbsterkenntnis ist der wichtigste Faktor die Unterstützung durch einen vertrauten Erwachsenen. Normalerweise ist das ein Elternteil, aber ein Lehrer, Betreuer oder Freund kann auch wichtig sein. Ein strukturiertes Alltagsleben kann einen hilfreichen Beitrag zur Persönlichkeitsbildung leisten. Wenn ein Kind mit Entwicklungsproblemen mehr Hilfe benötigt, dann können spezielle Therapien angeboten werden: Kunsttherapie, rhythmische Massage, Musiktherapie, Gesprächstherapie, Spieltherapie, Bewegungstherapie (Eurythmie) und Heilpädagogisches Reiten.

Das Leben ist nie für irgendjemanden leicht, geschweige denn für diejenigen, die ‚anders' sind. Es fängt mit der Enttäuschung, dem Schock und dem Ärger an, den die Eltern verspüren, wenn ihr Kind ein genetisches Syndrom hat. Diese Gefühle finden aber allmählich ihren Platz, und die Eltern entwickeln eine Gefühlsbindung zu ihrem Kind; das Kleinkind wird allerdings diese verwirrten Gefühle spüren.

Später wird das Kind komische Blicke oder Spott wahrnehmen. Auch wenn Kinder mit einem genetischen Syndrom und geistiger Behinderung nicht immer so intelligent sind, sind sie für die Atmosphäre um sie herum ziemlich sensibel. Sie spüren den Schmerz, den ihre Schwierigkeiten verursachen können. Manchmal verbirgt sich ihr eigener Schmerz hinter einem Lächeln, wie im Fall von David (aus dem Kapitel über das Fetale-Alkoholsyndrom). Die Reaktionen ihrer Umwelt und ihr Schulversagen müssen zusätzlich bewältigt werden. So rührte mich Marie, eine Frau mit Down-Syndrom, tief, als sie beschrieb, wie unglücklich sie in ihrer Jugend war.

In den folgenden Kapiteln habe ich einige *Fallbeispiele* eingebaut, anhand derer ich zeigen werde, wie die beschriebenen Kinder um Selbstbestimmung gerungen haben, und wie sie darin unterstützt wurden.

Außerdem werden bei einigen Syndromen therapeutische Maßnahmen vorgestellt. Nach der Lektüre der Eingangskapitel ist klar, dass die genetische Ursache, die Chromosomen-Veränderung, nicht (jedenfalls bisher nicht) „geheilt" werden kann; therapeutische Maßnahmen zielen darauf ab, die begleitenden Symptome zu lindern und die Betroffenen in ihrer Entwicklung bestmöglich zu unterstützen.

3 Down-Syndrom

Jo Harris ist eine junge Frau mit Down-Syndrom, die im Herbst 2000 in Großbritannien Schlagzeilen machte. Millionen von Menschen sahen mit angehaltenem Atem zu, um zu erfahren, wer der Gewinner der Fernsehserie *Big Brother* werden würde. Mehr als 3,5 Millionen Menschen wählten Craig Philips zum Gewinner des Preises von 70.000 englischen Pfund. Und als Craig verkündete, er würde sein Preisgeld Jo geben, damit sie eine Herz- und Lungentransplantation erhalten könnte, wussten alle, dass er eine gute Wahl getroffen hatte. Durch seine Tat machte Craig Philips Millionen von Menschen in Großbritannien auf das Down-Syndrom aufmerksam, ein Syndrom, welches bei einer von 600 bis 700 Lebendgeburten auftritt.

Geschichte

Kein Buch scheint bekannt, das vor dem 19. Jahrhundert geschrieben wurde und eine Beschreibung eines Menschen mit Down-Syndrom enthielte. Existierte es nicht? Oder überlebten die Kinder aufgrund der mangelnden Hygiene oder dem Mangel an medizinischer Versorgung nicht? Wir wissen, dass diese Kinder ziemlich anfällig für ansteckende Krankheiten sind. Zu Beginn des 20. Jahrhunderts betrug die durchschnittliche Lebenserwartung für einen Menschen mit Down-Syndrom nur 9 Jahre. Jetzt beträgt die durchschnittliche Lebenserwartung 45 Jahre.

Brian Stratford jedoch beschreibt, wie um den Golf von Mexiko herum Zeichnungen von kleinwüchsigen Menschen gefunden wurden, die eindeutig Züge dieser Krankheit trugen (Stratford 1989). Diese Zeichnungen gehen bis ins erste Jahrtausend vor Christus zurück. Die dargestellten Menschen wurden als übernatürliche Wesen verehrt – Männer und Frauen, die sich eine gewisse Kindlichkeit bewahrten. Stratford erwähnt auch die Darstellung eines Kindes mit Down-Syndrom als Jesuskind im Gemälde ‚Madonna und das Kind' von dem Maler Mantegna aus dem 15. Jahrhundert.

Wir dürfen selbstverständlich nicht vergessen, dass das Wissen über Menschen mit Entwicklungsproblemen bis zum 19. Jahrhundert sehr begrenzt war. Die wohl bekannteste Klassifizierung war ‚Schwachsinn' (angeborene Entwicklungsprobleme). Einer der Ersten, der sich für die Untersuchung von Menschen mit Entwicklungsproblemen interessierte, war ein Mann namens Langdon Down (1828–1896). Er wuchs in Cornwall auf, ging bis zum Alter von 13 Jahren zur Schule und begann dann in der Apotheke seines Vaters zu arbeiten. Im Alter von 25 Jahren, nach dem Tod seines Vaters, studierte er Medizin. Sein erster Arbeitsplatz war eine große Einrichtung für ‚Schwachsinnige'. Während er dort arbeitete, bemerkte er eine Ähnlichkeit zwischen vielen seiner Patienten. Die Ähnlichkeit dieser Patienten untereinander war ungleich größer als die mit ihren eigenen Familienmitgliedern. Er beschrieb es wie folgt:

> „Das Gesicht ist flach und breit und ohne markante Züge. Die Augen sind schräg platziert. Diese Kinder haben immer eine große Begabung zur Nachahmung und werden außergewöhnlich gute Imitatoren. Sie besitzen ein Gefühl für Humor. Sie können viel mehr lernen als erwartet.“ (Down 1990, 5–8)

Viele von Downs Beobachtungen sind auch heute noch zutreffend. Seine wichtigste Errungenschaft bestand darin, Menschen mit Lernbehinderungen zu helfen, ihr Potenzial durch Erziehung und Übung auszuschöpfen.

Down fand, dass viele Menschen mit diesem Syndrom Ähnlichkeiten mit Menschen der mongolischen Rasse aufwiesen, daher nannte er sie ‚Mongoloide'. Er tat dies auch, um sich von der Klassifikation ‚Schwachsinnige' wegzubewegen, die bis dahin die am meisten gebräuchliche war. Er beschrieb das Down-Syndrom als Erster in der zweiten Hälfte des 19. Jahrhunderts, und die Anerkennung des Down-Syndroms verbreitete sich – zunächst in England und Schottland, dann in Zentraleuropa und schließlich in der ganzen Welt.

Mitte des 20. Jahrhunderts wurde erneut ein Interesse an Entwicklungsproblemen wach. Bis dahin war angenommen worden, dass jeder Mensch 48 Chromosomen hätte. 1956 entdeckten J.H. Tjio und A. Levan, dass Menschen normalerweise 46 Chromosomen in jeder Zelle haben (Connor/Ferguson-Smith 1997). Aufgrund dieser Entdeckung waren Lejeune und seine Kollegen in der Lage, Trisomie 21 als erste Chromosomenanomalie zu diagnostizieren: Sie fanden heraus, dass Menschen mit Down-Syndrom 47 Chromosomen haben. Andere Chromosomenanomalien wurden später beschrieben (Connor/Ferguson-Smith 1997).

Mit dieser Entdeckung wurde die Diskussion über eine angemessene Bezeichnung für das ‚Down-Syndrom' erneut angefacht – sollte sie Mongolismus, Down-Syndrom oder Trisomie 21 heißen? Die Bezeichnung Down-Syndrom wurde angenommen und wird wahrscheinlich die offizielle Bezeichnung bleiben.

Genetischer Hintergrund

Das Down-Syndrom kann durch drei verschiedene genetische Situationen verursacht werden:

Die häufigste Situation, d.h. in 95 Prozent der Fälle, ist **‚Non-Disjunktion'**. Während der Bildung von Ei oder Spermium werden zwei Chromosomen 21 im Zellkern gebildet. Wenn eine Befruchtung stattfindet, erhält der Fötus insgesamt 47 Chromosomen, einschließlich dreier statt zweier Chromosomen 21. Dies kann nicht vererbt werden. Es ist immer noch nicht bekannt, warum Non-Disjunktion stattfindet, und warum es häufiger die Eizelle ist, die zwei Chromosomen 21 besitzt. Es ist allgemein bekannt, dass die Wahrscheinlichkeit, ein Kind mit Down-Syndrom zu bekommen, steigt, je älter die Mutter wird.

‚Translokation' kommt in 1–5 Prozent der Fälle vor. In diesem Fall hat die Person mit Down-Syndrom 46 Chromosomen, aber an eines der Chromosomen, oft Chromosom 14, ist ein Großteil von Chromosom 21 angehängt, mit dem Ergebnis, dass die Person dreifach über die genetische Information von Chromosom 21 verfügt. Diese Translokation geschieht meist spontan, obwohl sie manchmal von der Mutter weitergegeben wurde. In diesem Fall besteht eine 25-Prozent-Chance, dass die Mutter ein zweites Kind mit Down-Syndrom zur Welt bringt.

Die dritte Form ist der ‚**Mosaizismus**'. Diese Chromosomenvariation kommt nur bei 1 bis 2 Prozent der Fälle vor. Manche Zellen der Menschen mit Down-Syndrom haben 46 Chromosomen, andere 47 Chromosomen. Ich kannte einen Mann mit dieser Behinderung. Er hatte nicht die typischen Down-Züge, hatte geringfügige Lernschwierigkeiten und war extrovertiert und gesellig.

Beispiel: Kerri

Kerri ist eine aktive, aufgeschlossene junge Frau im Alter von 23 Jahren. Sie interessiert sich hauptsächlich für junge Männer, und sie erhofft sich eine Beziehung. Sie macht den Eindruck, auf dem Boden der Wirklichkeit zu stehen. Daher war es für mich eine ziemliche Offenbarung, als mir der Kunsttherapeut Kerris Werke zeigte. Karl König bezeichnete Menschen mit Down-Syndrom als ‚Menschen aus dem Paradies'. Dies zeigte sich deutlich an Kerris Kunstwerken. Kerri malte sich selbst als himmlisches Wesen in der Luft, ohne Beine. In einem zweiten Bild stellte sie sich selbst als Blume dar. So fragte ich mich, wie sich Menschen mit Down-Syndrom wirklich selbst erleben.

Ich befragte Kerri in einem Interview zu ihrem Leben. Sie sagte mir: ‚Ich habe ein paar Probleme.' Dann beschrieb sie ein paar Probleme an ihrem Arbeitsplatz. Ich teilte ihr mit, dass ich über das Down-Syndrom schriebe, und ob sie wisse, was das sei. „Ich habe noch nie davon gehört", antwortete sie. Dann fuhr sie fort:

„Ich werde schnell eifersüchtig. Ich bin seit sechs Jahren hier (ein Wohnheim mit Ausbildungsprogramm für junge Erwachsene) und werde bald von hier weggehen. Ich kam mit 17, jetzt bin ich 23. Mir gefällt es ziemlich gut. Ich möchte ein anderes Zimmer. Ich bin ziemlich unabhängig. Ich habe jetzt einen Freund. Ich komme sehr gut zurecht. Ein anderes Mädchen ist eifersüchtig darauf. Ich bin auf der Warteliste, um nach Newton Dee (eine Dorf-

gemeinschaft für Erwachsene mit Behinderungen) zu gehen. Es wird bald passieren. Ich löse meine Probleme gern selbst, möchte nicht die ganze Zeit streiten. Er (der Freund) kann mich nicht die ganze Zeit sehen. Ich schreibe gern E-mails, wir haben ein Telefon mit einem Computerbildschirm. Ich bin seit sechs Jahren im Garten (als Arbeitsplatz). Ich mag ihn, besonders im Frühling. Ich spreche gerne mit Leuten, schließe Freundschaften. Ich finde es schwierig, Freunde zu verlassen, macht mich traurig, fühle mich unwohl. Ich bin jetzt sehr selbstständig. Ich könnte mir mit meinem Freund zusammen eine Wohnung suchen und in ein Tagesheim zum Arbeiten gehen."

Ich fragte: „Hast du mit ihm darüber gesprochen?"

„Nein, habe ich nicht. Ich bin mit meinem Geld sehr unabhängig. Ich muss lernen, die Straße zu überqueren. Ich kann gut Theater und Spiele spielen. Meine Mum ist sehr nett zu meinem Freund, sie nimmt ihn mit, wenn wir zusehen, wie die Lachse springen, und Pommes essen. Manchmal besuche ich ihn bei seinen Eltern."

Kerri beschreibt die Hoffnungen und Probleme jeder jungen Frau. Es mangelt ihr immer noch ein wenig an Bewusstsein für sich selbst, und man kann ihre intellektuellen Fähigkeiten leicht überschätzen. Sie hat ihre Mutter oft über das Down-Syndrom sprechen hören, aber es ist nicht zu ihr vorgedrungen: Für sie ist diese Behinderung nicht Realität. Sie erlebt sich selbst nicht als anders. Die Tatsache, dass sie in einer Wohngemeinschaft lebt, wo es noch einige andere Menschen mit Down-Syndrom gibt, trägt sicher dazu bei. Ihr Freund und ihre besten Freundinnen haben ebenfalls das Down-Syndrom.

Kerri und ich sahen uns ihre Fotos an, um herauszufinden, welches am besten in dieses Buch passt. „Ich möchte berühmt sein", sagte sie zu mir. Und warum auch nicht? Das Foto zeigt Kerri von ihrer besten Seite, voller Selbstvertrauen, Energie und Begeisterung.

Ein Kunsttherapeut von Camphill und ich verfolgten den Spruch Königs von den „Menschen aus dem Paradies" weiter und sprachen

Kerri, 23 Jahre alt

mit weiteren Menschen mit dieser Behinderung. In ihren Zeichnungen konnten wir die wiederkehrende Thematik erkennen, nicht mit der Erde verbunden zu sein, über der Erde zu schweben.

Aus dieser Perspektive passt es, dass Menschen mit Down-Syndrom in der Fachzeitschrift der *Down Syndrome Association* eine Kolumne haben, die sie ‚Down To Earth!' (Mit beiden Füßen auf dem Boden!) nennen. Sie möchten mit beiden Füßen auf dem Boden stehen. Es ist unsere Aufgabe, dies zu ermöglichen, während wir trotzdem die besonderen Eigenschaften wertschätzen, die sie besitzen.

Pränatale Tests

Mithilfe der pränatalen Diagnostik können Schädigungen des Fötus schon früh diagnostiziert werden. Es steht Eltern frei, sich für oder gegen diese Form der Diagnostik zu entscheiden.

Das Risiko, ein Kind mit Down-Syndrom zu bekommen, ist umso größer, je älter die Mutter ist. Das Risiko ist 1 zu 2300, wenn die Mutter 20 ist, und steigt auf 1 zu 100, wenn sie 40 ist. Es gibt verschiedene Tests zur Untersuchung auf das Down-Syndrom. Es ist möglich, einen Bluttest an der Mutter vorzunehmen, um gewisse Substanzen in ihrem Blut festzustellen (ein Fetoprotein, unkonjugiertes Östriol, humanes Choriongonadotropin und Inhibin A), einen Ultraschall vorzunehmen und die Dicke der Haut am Nacken des Fötus zu messen (dieses Verfahren heißt Nackendicke-Ultraschall-Screening: Die Haut am Nacken ist bei einem Fötus mit Down-Syndrom dicker). Diese Ergebnisse werden mit dem Risiko kombiniert, das mit dem Alter der Mutter einhergeht. Wenn daraus errechnet wird, dass ein erhöhtes Down-Syndrom-Risiko besteht, wird eine Amniozentese (Entnahme von Zellen des ungeborenen Babys für genetische Untersuchungen) vorgenommen. Verschiedene Kliniken verwenden unterschiedliche Methoden, und es steht noch nicht fest, welche die effektivste ist.

Eine zukünftige Methode wird darin bestehen, im Blut der Mutter nach fötalen Zellen zu suchen, was zu 100 Prozent aussagekräftig wäre. Technisch ist dies bereits möglich, jedoch noch nicht in großem Rahmen. Wird dies also bedeuten, dass sehr bald keine Kinder mit Down-Syndrom mehr geboren werden?

In der Zeitschrift der *Down Syndrome Association* beschreiben die meisten Eltern denselben Prozess: Wie sie zunächst von ihrem Kind mit Down-Syndrom geschockt, später aber tief berührt sind. Ihrer Erfahrung nach bringen die Kinder Freude und Liebe. Im April 1997 las ich in Libelle, einer holländischen Frauenzeitschrift, einen Brief von einer Großmutter an ihre Enkelin, der all diese Gefühle ausdrückt:

Das Leben ist ein Geschenk

Mein Sohn rief mich an, um mir zu sagen, dass du ein Kind mit Down-Syndrom seist. Ich empfand gemischte Gefühle: Glück (mein erstes Enkelkind), aber auch Unsicherheit in Bezug auf die Zukunft. Diese Gefühle blieben nicht lange. Du hast dich zu einem gesunden, zweijährigen Kind entwickelt. Du bist niedlich und herzlich, du lachst viel, tanzt zu Musik. Ich stelle mehr und mehr fest, dass du zu uns gekommen bist, um uns zu lehren, dass das Leben mehr zu bieten hat als Besitz, harte Arbeit, Prestige und Stress.

Deine stolze Oma

Körperliche Merkmale

Es kann uns helfen, Menschen mit Down-Syndrom zu verstehen, wenn wir uns die körperlichen Merkmale dieser Kinder etwas genauer ansehen. Dabei muss man wissen, dass man manchen Kindern das Down-Syndrom auf Anhieb ansieht, anderen nicht. Es gibt also eine große Bandbreite der äußeren Erscheinung. Als ‚typisch' sei an dieser Stelle charakterisiert:

Die Kinder sind relativ klein, haben kurze Arme und einen eher kleinen Kopf mit flachem Hinterhaupt. Die visuellen und auditorischen Sinne können durch Probleme mit dem Gehör und einer reduzierten visuellen Aktivität eingeschränkt sein, und der Intellekt ist klar begrenzt. Die mangelnde Muskelspannung ist klar nachgewiesen. Die Betonung des Körperbaus liegt auf dem Brustkorb – die physischen Probleme liegen vorrangig in diesem Bereich. Angeborene

Herzfehler sind relativ häufig, in 50 % der Fälle treten Herzprobleme auf. Bronchitis und Schilddrüsenfehlfunktionen sind nicht ungewöhnlich. Darüber hinaus besteht eine Neigung zu Übergewicht.

Die Gesichtszüge der Menschen mit Down-Syndrom sind leicht erkennbar. Der abgeflachte mittlere Gesichtsteil, die kleine Nase und die kleinen Ohren, die schlitzförmigen Augen, der kleine Kopf, der hinten flacher ist, die Zunge, die ziemlich groß sein kann, und die Haut, die trocken und schnell gerötet und gereizt ist.

Langdon Down beschrieb nicht nur die körperlichen Merkmale von Menschen mit dem Down-Syndrom, sondern auch ihr Verhalten. Er war ein scharfer Beobachter, und manche seiner Bemerkungen treffen immer noch zu. Es besteht jedoch die Gefahr, diese Menschen zu stereotypisieren – nicht jeder Mensch mit dieser genetischen Veränderung ist extrovertiert und hat ein sonniges Gemüt. Karl König war der Ansicht, dass es ebenso viele Menschen mit Down-Syndrom gebe, die extrovertiert wie introvertiert veranlagt seien. Die Menschen, die stärker in sich zurückgezogen sind, behalten oft die Wärme ihres Verhaltens, sie werden nie distanziert.

Entwicklung

Ein Kind mit Down-Syndrom entwickelt sich zunächst wie jedes andere Baby, nur etwas langsamer. Das neugeborene Baby kann Schwierigkeiten haben, sich warm zu halten. Das Kind ist schwach und hypotonisch und hat Schwierigkeiten mit dem Trinken.

Normalerweise habe ich mit Schulkindern zu tun, daher war es etwas Besonderes für mich, an einem intensiven Forschungstreffen zum Thema Down-Syndrom bei Babys in London teilzunehmen. Viele Eltern brachten ihre Babys mit. Ihre fehlende Körperspannung und besonders ihre Stille fielen mir auf; andere Babys im gleichen Alter wären viel lebendiger und lauter gewesen. Es schien, als ob sie nicht die Energie hätten, viel Lärm zu machen.

Wegen ihrer langsamen Entwicklung fällt der Unterschied zwischen ihnen und anderen Kindern zunehmend stärker auf; dabei scheinen die Mädchen in ihrer Entwicklung noch schneller zu sein als die Jungen. Auch die motorische Entwicklung schreitet in langsamerem Tempo voran; Sitzen und Laufen gelingen ihnen später als anderen Kindern.

Sprachentwicklung

Die Entwicklung der Sprache bei Menschen mit Down-Syndrom ist ein spezielles Problem. Die meisten Kinder sind in ihrem sozialen Umfeld kompetent und aufmerksam, aber ihre Sprache kann schwer zu verstehen sein, weil sie nicht weit genug entwickelt ist. Oft werden Konsonante nicht deutlich ausgesprochen, und Vokale werden stärker betont.

Einige der Kinder mit diesem Syndrom haben Aphasie: Sie können keine Wörter bilden. Ich erinnere mich an ein Mädchen, das sozial interaktiv schien, wenn sie aus der Distanz beobachtet wurde. Erst später wurde mir klar, dass sie nicht sprechen konnte, dies aber mit einem lebendigen Gebrauch von Zeichen kompensierte.

Die Tatsache, dass viele dieser Kinder unter ‚Leimohr' (Flüssigkeit hinter dem Trommelfell) leiden, erschwert ihre Sprachentwicklung zusätzlich. Das Leiden an Leimohr betrifft 80 Prozent der Kinder mit Down-Syndrom. Naturgemäß hören diese Kinder dadurch schlecht, so dass ihr Gehirn mehr Zeit für Verarbeitungsprozesse benötigt. Diese Einschränkungen führen schließlich zu einer langsamen Sprachentwicklung. Jedoch ist nicht nur die Sprache langsam. Wenn eine Mutter mit ihrem Baby Kontakt aufnehmen und es zum Lächeln bringen möchte, muss sie lange warten, bis eine Reaktion eintritt. Buckley (zitiert in O'Brien/Yule 1995) entdeckte, dass manche dieser Kinder eine gesteigerte Fähigkeit besitzen, im Vorschulalter lesen zu lernen. Dies kann ihnen bei ihrer Sprachentwicklung helfen.

Verhalten

Forschungsergebnisse von Green und anderen (zitiert in Harris 1995) zeigten 1989, dass 25 Prozent der Kleinkinder mit Down-Syndrom Verhaltensprobleme aufweisen. Auch im weiteren Verlauf der Entwicklung können selbstverständlich – wie bei ‚normalen' Kindern auch! – Verhaltensprobleme auftreten, zumal, wenn weitere Behinderungen oder eine sozial schwierige Umgebung hinzukommen.

Donald zum Beispiel hat das Down-Syndrom und zeigt autistische Züge. Er ist 9 Jahre alt, klein, rund und hat ein freundliches, offenes Lächeln. Sobald ihm etwas nicht passt, lässt er sich auf den Boden fallen und bewegt sich nicht mehr. Er kann nicht sprechen, jedoch ein durchdringendes Heulen von sich geben. Wenn man den Bruchteil einer Sekunde nicht auf ihn aufpasst, schafft er es, jemanden an den Haaren zu ziehen oder ein Glas zu zerschmettern – für ihn ist das ein toller Spaß! Wenn man ihm ein Stück Schnur gibt, lässt er es stundenlang baumeln und hypnotisiert sich selbst.

Jonas hat ebenfalls das Down-Syndrom. Er war mit 13 Jahren ein ziemlich schwieriger Teenager, als er nach Camphill kam. Er war der Jüngste einer großen Familie mit einer nicht mehr jungen, behütenden Mutter. Er konnte nicht sprechen, machte sich in die Hose und konnte sich wild und unkontrolliert gebärden. Am ersten Tag zerbrach er ein paar Blumentöpfe. Nach zwei Jahren beobachteten wir jedoch eine ziemlich große Veränderung. Inzwischen kann er nahezu selbstständig die Toilette benutzen und ohne einen persönlichen Betreuer zur Werkstatt gehen. Dort ist er Teil eines Teams von Jugendlichen, die ‚draußen' zusammen an einem Projekt arbeiten.

War es die Reittherapie, die Erfolg hatte, oder spielten andere Faktoren eine Rolle? Das lässt sich nicht eindeutig beantworten, aber wichtig war sicher die hingebungsvolle, aber strukturierte Fürsorge eines guten Betreuers.

Bei Kindern mit Down-Syndrom gibt es noch ein weiteres typisches Verhalten: Manchmal setzen sie sich plötzlich in Buddha-Haltung hin, egal, ob sie sich in einem Zimmer, dem Korridor oder auf einem Spaziergang befinden, und nichts kann sie zum Weitergehen bewegen. Dies passierte immer wieder bei *Connie,* einer stämmigen 14-Jährigen. Die einzige Lösung bestand darin, einen kleinen Wagen mitzunehmen, so dass sie dort hineingesetzt werden konnte, wenn sie sich weigerte weiterzulaufen.

Der introvertierte *Daniel* konnte stundenlang in der Toilette auf dem Boden sitzen. Wenn man ihn dazu anhielt aufzustehen, konnte es passieren, dass er mit einem höflichen „Nein, danke" antwortete, aber zu anderen Zeiten in anderer Stimmung konnte er aufspringen und weglaufen.

Im Großen und Ganzen habe ich die Erfahrung gemacht, dass Menschen mit dieser Behinderung sehr angenehm und freundschaftlich im Umgang sein können, und dies ist eine Erfahrung, die viele in unserer Schulgemeinschaft teilen.

Eine Mutter, die 1960 ihr Kind mit Down-Syndrom in die Camphill-Schulen brachte, beschrieb, wie Kinder mit diesem Syndrom mit Wärme aufgenommen wurden, ja beliebt waren. Aufgrund der Wärme und Menschlichkeit, die sie selbst ausstrahlten, werde es sehr geschätzt, Kinder mit Down-Syndrom in einer Klasse oder Hausgemeinschaft zu haben. Ist das auch heute der Fall?

Bei den meisten Menschen mit Down-Syndrom ist das soziale Gespür ziemlich gut entwickelt. Vor kurzem sah ich einen Teenager mit Down-Syndrom beim Rollerbladen. Als ein kleines Kind in der Nähe hinfiel und zu weinen anfing, reagierte keiner der anderen Teenager darauf – nur der Jugendliche mit Down-Syndrom, der das Kind tröstete.

Menschen mit Down-Syndrom besitzen Direktheit im Umgang mit anderen Menschen, eine gewisse Wärme, was jedoch nicht heißt, dass ihnen unter Menschen immer nach Geselligkeit zumute ist.

Erwachsen werden, alt werden

Heutzutage leben Menschen mit Down-Syndrom länger denn je. Es erscheinen in letzter Zeit immer mehr Beiträge, die aufzeigen, wie Menschen mit Down-Syndrom außergewöhnliche Erfolge errungen haben, häufig dank eines intensiven Trainingsprogramms. Intensive Stimulation auf mentaler und physischer Ebene erweisen sich als hilfreich. So bei einer Frau mit Down-Syndrom in Holland, die 1997 ihre Standardprüfungen (in Deutschland mit der mittleren Reife vergleichbar) bestand. Auf der anderen Seite werden manche junge Erwachsene depressiv und verwirrt – es kann sogar vorkommen, dass sie sich nie davon erholen. Einige Ärzte haben bemerkt, dass dies den fähigeren Jugendlichen häufiger passiert. Die Ursache ist nicht immer klar. Wird zu viel erwartet? Ist dies eine Zeit der Selbstreflexion, des Bewusstwerdens der eigenen Besonderheit?

Das Gen für Alzheimer befindet sich auf Chromosom 21. Das Gehirn eines jeden Menschen mit Down-Syndrom weist nach dem Alter von 35 Jahren Spuren von Veränderungen wie bei der Alzheimer Erkrankung auf, aber diese Veränderung wird nicht in jedem Falle im Verhalten sichtbar. 40 Prozent der über 45-Jährigen zeigen Anzeichen schwierigen Verhaltens: Sie werden chaotisch, schwieriger im Umgang mit anderen und haben gravierende Konzentrationsprobleme.

Meine Hoffnung (und die anderer, z. B. Phetean 1998) besteht darin, dass ‚Targeted Nutritional Intervention' (TNI), eine spezielle Nahrungsmittelergänzung, Menschen mit Down-Syndrom helfen wird, noch länger ohne Demenz zu leben. Jedoch gibt es noch keine verlässlichen wissenschaftlichen Forschungsergebnisse, die zeigen können, dass die Ernährungstherapie funktioniert. Denken Sie nur daran, dass vor hundert Jahren ihr durchschnittliches Lebensalter 9 Jahre betrug, nicht 45! Ich persönlich kenne eine ganze Reihe von selbstständigen, gesunden Erwachsenen mit dieser Behinderung, die 40 oder 50 Jahre alt sind, und bei ihnen befindet man sich in angenehmer Gesellschaft.

Ich möchte dieses Kapitel mit den Worten eines Menschen mit Down-Syndrom beenden. Patrick Smith schrieb am 18. Juni 1994 in der Zeitung *Observer* einen Leserbrief:

Ich glaube nicht, dass Kinder mit Down-Syndrom abgetrieben werden sollten. Ich glaube nicht, dass einem Baby wegen Down-Syndrom das Leben genommen werden sollte. Ich bin ein Mensch wie jeder andere und sollte als solcher behandelt werden. Im Augenblick bin ich glücklich. Ich habe Gründe, stolz zu sein. Ich arbeite seit 30 Jahren in der gleichen Stellung in der gleichen Fabrik. Ich kann gut mit Menschen umgehen. Das merkte ich, als ich letzte Woche in das Café Royal ging, um eine Anerkennung zu erhalten. Es war wunderschön, als ob man im Himmel ist, nur ohne den Heiligenschein.

4 Williams-Syndrom (Williams-Beuren-Syndrom)

Oliver Sacks, der bekannte Neurologe, produzierte in der Fernsehserie *Mind Traveller* eine Sendung über das Williams-Syndrom. Während ich zusah, war ich mehr und mehr gefesselt. Ein junges Mädchen namens Heidi in diesem Film kam mir bekannt vor; ihre Aufgeschlossenheit, ihre Direktheit im Umgang, der offene Blick, aus dem auch ein wenig Aufgeregtheit sprach, der flüssige Sprachgebrauch, sogar ihre Intonation waren mir vertraut, ebenso wie ihre Verhaltensweisen. Nachdem die Sendung zu Ende war, griff ich direkt zu meinen alten klinischen Aufzeichnungen; tatsächlich, das Mädchen, an das mich Heidi erinnerte, hatte auch das Williams-Syndrom. Wissenschaftler interessieren sich sehr für dieses seltene Syndrom. Es kommt nur bei einer in 20.000–25.000 Lebendgeburten vor, und es sind ebenso viele Jungen wie Mädchen betroffen.

Geschichte

Das Williams-Syndrom ist nach dem Kardiologen R. Williams benannt. Er identifizierte vier Kinder mit Aortenstenose (Verengung der Schlagader), Lernbehinderung und ungewöhnlichen Gesichtszügen (Williams et al. 1961). Das Syndrom wurde aber bereits früher erkannt. Nach dem 2. Weltkrieg litten ziemlich viele Kinder in Europa unter Hyperkalzämie (erhöhter Kalziumgehalt). Dies schien durch eine zu hohe Dosis an Vitamin D in der Nahrung der Kleinkinder verursacht worden zu sein. Die meisten Kinder waren nur leicht davon betroffen, aber es gab eine kleine Gruppe von Kindern, die stärker darunter litt. Diese Kinder hatten ‚elfenartige' Gesichter, Lernbehinderungen und einen angeborenen Herzfehler. Das waren die Kinder mit Williams-Syndrom. Für mich bleibt die Frage offen, ob

Langdon Down, der Arzt, der Kinder mit Down-Syndrom beschrieb, nicht auf das Williams-Syndrom hinweist. In einer seiner Vorlesungen erwähnt er: „Ich habe Kinder mit charakteristischen Wangenknochen, vorstehenden Augen, geschwollenen Lippen und straffer Haut in meiner Fürsorge gehabt. Sie hatten wolliges Haar."

Erst als ich dieses Kapitel schrieb, stieß ich auf einen Aufsatz, der 1964 von zweien meiner medizinischen Vorgänger, George von Arnim und Peter Engel, veröffentlicht worden war, der von diesem Syndrom handelte und unabhängig von anderen Forschungen entstanden war. Zu jener Zeit wohnten sechs Kinder mit dem Williams-Syndrom in einer Schule, was eine einzigartige Gelegenheit zur Beobachtung aus nächster Nähe bot. Die beiden Ärzte beschrieben die ungewöhnliche sprachliche Begabung und die gesellige, extrovertierte Natur dieser Kinder, verbunden mit unterschwelliger Angst und Anspannung. Sie verglichen diese Kinder mit Kindern mit Down-Syndrom, die in Bezug auf ihre emotionalen Reaktionen ein anderes Bild abgeben: Down-Kinder sind oft nicht verbal begabt, machen aber den Eindruck, in sich zu ruhen und sich sicher zu fühlen (von Arnim/ Engel 1964).

Körperliche Merkmale, Sprache und Verhalten

Man kann Menschen mit Williams-Syndrom sofort erkennen, sobald man einmal damit vertraut ist. Das Gesicht hat eine breite Stirn, eine vertiefte Nasenwurzel mit einer Himmelfahrtsnase, weit auseinander liegenden Zähnen und vollen Lippen. Die vorstehenden Wangenknochen tragen zur typischen Gesichtsform des Williams-Syndroms bei.

Das Gewicht bei der Geburt ist niedrig, und problematisch sind zudem die Wachstumsverzögerungen beim Baby. Die Diagnose erfolgt oft im Kleinkindalter mittels genetischer Tests. Es ist bekannt, dass in 97 Prozent der Fälle von Williams-Syndrom ein kleines Stück vom Chromosom 7 fehlt, nämlich q11 bis q23. Dies verursacht eine Störung im Elastin-Gen, welches ein wichtiges Gen für die Bildung von Bindegewebe ist. Dies ist eines der 20 Gene, die beim Williams-Syndrom verändert sind. Die charakteristischen Herzfehler bei diesem Syndrom (Verengung der Aorta) können auch mit einer Störung des Elastin-Gens erklärt werden.

Typischerweise ist das Baby ein schlechter Esser, leicht reizbar und leidet unter Verstopfung. Ein kleiner Prozentsatz von ihnen hat einen zu hohen Kalziumgehalt im Blut. Dieser Kalziumspiegel kann mit einer Diät normalisiert werden, aber dies ändert nicht wirklich die Verhaltens- und körperlichen Merkmale.

Allgemein kommt es zu Entwicklungsverzögerungen. Die Kinder leiden unter einem gewissen Grad an geistiger Behinderung und einer schlechten räumlichen Orientierung. Ihre Zeichnungen sind im Vergleich zu denen anderer Menschen mit einem ähnlichen Grad an Behinderung nur schlecht ausgeführt. Außerdem haben sie Konzentrationsschwierigkeiten und sind geräuschempfindlich. Sie scheinen ein Gespür für Musik zu haben, das bedeutet, dass sie Musik mögen, aber nicht so musikalisch sind wie Kinder ohne Entwicklungsprobleme.

Kinder und Erwachsene mit Williams-Syndrom sprechen flüssig (obwohl man einen Unterschied zu normal entwickelten Menschen bemerkt) und machen in der Regel einen sozial eingebundenen Eindruck. Das Leben ist für Kinder mit diesem Syndrom nicht immer leicht; sie können emotionale und Verhaltensprobleme haben. Es ist trotz ihrer sozialen Fähigkeiten schwer für sie, Freundschaften zu schließen, und auch als Kinder verstehen sie sich besser mit Erwachsenen.

Beispiel: Alistair

Der Mensch mit Williams-Syndrom, den ich am besten kannte, war Alistair. Als ich ihn kennen lernte, war er 40 Jahre alt und saß im Rollstuhl. Er lebte mit seiner Mutter vor Ort in einer Camphill-Dorfgemeinschaft für Erwachsene. Er hatte im Alter von 33 Jahren eine Gehirnblutung überlebt, konnte aber nicht mehr laufen und war schwach. Daher bestand seine Lieblingsbeschäftigung darin zuzusehen, wie die Kunden zum Camphill-Dorfladen gingen, und mit ihnen zu sprechen. An schönen Tagen saß er draußen in dem hübschen Blumengarten, und wenn das Wetter schlecht war, saß er am Fenster. Als er 48 war, beschrieb ihn seine Mutter wie folgt:

„Alistair hat eine kurze Konzentrationsspanne. Sein Gehör ist sehr scharf, er kann jedes Musikinstrument in einem Orchester erkennen. Er hält sich immer noch die Ohren zu, um manche Geräusche auszublenden.

Er hat keine besonderen Freunde – er ist gern allein, obwohl er nach außen hin zu allen freundlich ist. Er scheint Menschen zu durchschauen. Man kann ihm mit Humor näher kommen. Man kann ihm keine direkten Fragen stellen, aber wenn man ihm Zeit lässt, kann er sich an vieles erinnern und viel erzählen. Er ist etwas reserviert und nicht sehr direkt. Er interessiert sich nicht besonders für Dinge – Menschen und das Leben in Gesellschaft, auch als Zuschauer, sind seine Stärke. Er macht eine Spezialdiät, hat sich nie beklagt und dankt den Menschen immer für das, was er bekommen hat.

Er hat wenig Vorstellung von oben und unten, rechts und links oder hinten und vorne. Seine Schmerzempfindlichkeit ist unklar. Er hatte vor 15 Jahren einen massiven Schlaganfall, und es wurde mir gesagt, er hätte nur noch zwei Stunden zu leben. Er mag immer noch gerne Musik, obwohl er den Rekorder nicht mehr halten kann, Gedichte und Theaterstücke. Sein Ortsgedächtnis ist weniger akkurat.

Völlig fremde Menschen reagieren auf ihn, wenn er draußen sitzt, obwohl er einfach nur dasitzt. Unterschwellig ist er immer noch nervös und fühlt sich in neuen Situationen unsicher."

Alistair starb im Alter von 50 Jahren, nachdem er immer schwächer geworden war und sich seine Nierenfunktion kontinuierlich verschlechtert hatte. Seine Mutter starb ein Jahr später.

Aus seiner frühen Geschichte (einem Gespräch mit einem Arzt entnommen, als Alistair 10 Jahre alt war) geht hervor, dass er ein Einzelkind war. Seine Mutter fühlte sich während der Schwangerschaft fantastisch, besser als jemals danach. Er war drei Wochen zu spät dran, und die Geburt wurde künstlich eingeleitet. Es war eine normale Geburt. In den ersten sechs Monaten schien es ihm gut zu gehen, aber er nahm nur langsam an Gewicht zu, schlief viel und erbrach sein Essen. Mit 6 Monaten wurde er im Kinderkrankenhaus untersucht, und es wurde ein Herzfehler diagnostiziert. Er erbrach sich weiterhin. Mit einem Jahr verbrachte er 3 Monate im Kran-

Alistair, 40 Jahre alt

kenhaus, wo er 2 Pfund verlor, so dass er mit 15 Monaten 11 Pfund wog. Er erbrach sich bis zum Alter von 2,5 Jahren, und erst dann begann er, sich alleine aufzusetzen. Dann ging es ihm besser, er begann aufzustehen und konnte mit 3 Jahren laufen. Er musste dann an festes Essen gewöhnt werden. Er hatte angefangen zu sprechen, bevor er sich aufgesetzt hatte, und seine Sprechfertigkeit entwickelte sich gut. Er ging mit vier Jahren in den Kindergarten und machte gute Fortschritte. Vier Jahre lang ging er auf eine andere Schule, wo er wenig Fortschritte machte. In den ersten drei Jahren wies er viele Eigenschaften eines Babys auf, dann verwandelte er sich in einen kleinen ‚Mann':

Ab drei Jahren war er sauber und konnte sich selbst anziehen. Er mochte seinen Unterricht nicht, war aber glücklich und leicht für etwas zu gewinnen, aß nun ziemlich gut und schlief gut. Der Arzt beschrieb ihn als kleinen, aber gut entwickelten Jungen. Er hatte einen länglichen Kopf, schlechte Zähne und Ohren, die groß und ein wenig unförmig waren. Die Hände und Finger waren schön und warm, die Füße groß und ziemlich flach und breit. Er sprach unablässig mit einem guten und sehr großen Wortschatz und war sehr höflich und charmant. Er konnte nicht zeichnen oder schreiben.

Alistair zeigte vielleicht nicht die ‚typische' frühe Entwicklung eines Kindes mit Williams-Syndrom. Denn die meisten dieser Kinder entwickeln sich im Kleinkindalter schlecht, haben Verdauungs- und Schlafprobleme und neigen auch zu anfänglichen schweren Verzögerungen in ihrer Sprachentwicklung. Aber was heißt schon ‚typisch'? Wissenschaftler suchen immer noch nach einer Erklärung für den Verhaltensphänotyp.

Neuroanatomie

Neuroanatomie ist das Studium der anatomischen Struktur des Gehirns. Mittlerweile richten die Neurowissenschaftler ihre Aufmerksamkeit mehr auf die Gehirn*funktion* als auf dessen Struktur. Besonders interessant für mich sind die Forschungen von Jernigan und Bellugi aus dem Jahre 1990 (zitiert in Harris 1995). Sie verglichen die neuroanatomische Struktur von Menschen mit Down-Syndrom mit der von Menschen mit Williams-Syndrom. Sie fanden eine Polarität vergleichbar mit der, die früher von Arnim und Engel (1964) erwähnt wurde. Die Forschung wurde mit Hilfe der Kernspintomographie durchgeführt. Während dieser Untersuchung wird mit Hilfe eines magnetischen Felds eine Aufnahme des Gehirns gemacht. Heutzutage besteht eine starke Tendenz, das Gehirn als Computer zu betrachten, der wie ein neuronales Netz funktioniert. Manche Wissenschaftler versuchen, den Ursprung allen menschlichen Verhaltens als im Gehirn verankert zu erklären. Dies entspricht nicht meiner Ansicht. Mir ist klar, dass man durch bestimmte, genetisch bedingte Gehirnstrukturen eingeschränkt oder unterstützt werden kann, aber letztendlich ist das, was wirklich zählt, die eigene Persönlichkeit.

Um auf die Gehirnstruktur zurückzukommen, wie sie die Kernspintomographie zeigt: Menschen mit Down-Syndrom und Williams-Syndrom haben ein Gehirn, das kleiner ist als im Durchschnitt – ungefähr 80 Prozent der durchschnittlichen Gehirngröße. Menschen mit Down-Syndrom haben ein deutlich kleineres Cerebellum (Kleinhirn). Im Gegensatz dazu haben Menschen mit dem Williams-Syndrom ein relativ großes Cerebellum und einen relativ großen Hirnstamm. Im Allgemeinen ist das Cerebrum (Großhirn) von Menschen mit Williams-Syndrom eher klein, aber das betrifft nicht das ganze Cerebrum. Der Frontallappen und manche Teile des Temporallappens sind selektiv gut entwickelt. Es ist bekannt, dass der Temporallappen mit den sprachlichen Fähigkeiten zusammenhängt. Neurologen sind sehr an der Erforschung dieser Zusammenhänge interessiert, da es die relativ guten sprachlichen Fähigkeiten von Menschen mit Williams-Syndrom erklären könnte, ebenso wie ihre Musikalität und ihre soziale Begabung. (Auch wenn sich die Wissenschaftler inzwischen dessen bewusst sind, dass die Musikalität von Menschen mit Williams-Syndrom nicht ausgeprägter ist als das Gefühl für Musik bei Menschen mit Down-Syndrom.) Menschen mit Down-Syndrom haben einen relativ kleinen frontalen Kortex bei einem normal entwickelten Subkortex.

Tabelle 1 listet die Ähnlichkeiten und Unterschiede zwischen diesen beiden Behinderungen auf, wie ich sie bisher erfahren habe. Das heißt, dass im Einzelfall Kinder mit diesen Behinderungen durchaus von den von mir zusammengetragenen Eigenschaften abweichen können. Die Bandbreite der individuellen Ausprägungen kann groß sein.

Tabelle 1

Down-Syndrom	Williams-Syndrom
Geistige Behinderung (leicht bis schwer)	Geistige Behinderung (leicht bis schwer)
Chromosomenanomalie: Trisomie 21	Deletion auf Chromosom 7
Normalerweise nicht ererbt	Nicht ererbt
1:600/700 Lebendgeburten	1:20.000 Lebendgeburten
Sprache relativ unterentwickelt	Sprache relativ gut entwickelt
Oft schlechtes Gehör	Überempfindlich für Geräusche
Einigermaßen musikalisch	Sehr musikalisch
Lebt für den Augenblick	Zukunftsangst
Optimistisch	Allgemein ängstlich
Relativ gutes räumliches Vorstellungsvermögen	Schlechtes räumliches Vorstellungsvermögen
Langsames Erkennen von Gesichtern	Schnelles Erkennen von Gesichtern
Meist glattes Haar	Lockiges Haar
Dicke, oft rauhe Haut	Dünne, straffe Haut
Häufig angeborene Herzfehler mit offener Verbindung zwischen den beiden Herzklappen	Häufig angeborene Herzfehler, stenotisch
Cerebrum 80 % der Durchschnittsgröße	Cerebrum 80 % der Durchschnittsgröße
Cerebellum kleiner	Cerebellum normal
Kleiner Frontaler Kortex	Normaler Frontaler Kortex
Kleiner Temporaler Kortex	Durchschnittsgröße des Temporalen Kortex
Subkortex Normalgröße	Subkortex kleiner

‚Cocktailparty'-Sprechweise?

Ich las einmal einen Zeitungsartikel, in dem eine Mutter von ihren Erfahrungen berichtete, als sie ihre kleine Tochter, die ein leichtes Herzgeräusch hatte, zu einem Herzspezialisten brachte. Die Tochter begrüßte den Arzt und seine zwei Assistenten in ihrer gewohnt enthusiastischen Weise, auf die der Arzt mit einem allwissenden Blick auf seine Studenten reagierte. ‚Typische „Cocktailparty"-Sprechweise', strahlte er. Nahezu glühend vor Selbstzufriedenheit nannte er der Mutter die Diagnose – Williams-Syndrom –, ohne sich der verstörenden Wirkung bewusst zu sein, die dies auf sie hatte. (Menschen mit Williams-Syndrom haben keine ‚Cocktailparty'-Sprechweise – ihre Sprechweise hat weit mehr Bedeutung. Sie mögen einen ‚Cocktailparty'-Stil haben – geselliger Sprachgebrauch auf eine extrovertierte, redefreudige Art –, aber sie machen Sinn und führen Gedanken zu Ende.) Die Mutter, völlig benommen, ging mit ihrer Tochter in ein Café, um etwas zu trinken. Dort fing sie ein Gespräch mit dem Mann am Nebentisch an, da sie ihre Geschichte loswerden musste. Es stellte sich heraus, dass er mit Kindern mit geistigen Behinderungen arbeitete, und er sagte zu ihr: ‚Der IQ ist nicht die einzige Art, Intelligenz zu messen. Jedes behinderte Kind ist ein Individuum mit seinen eigenen, einzigartigen Begabungen und Fähigkeiten.' Die Mutter beendete den Artikel mit den Worten: ‚Wer braucht hier soziales Training, meine Tochter oder der Fachmann?'

5 Rubinstein-Taybi-Syndrom

Mari ist gerade zu Besuch in der Schule, in der ich arbeite, um herauszufinden, ob es der richtige Platz für sie ist. Mari ist 16 Jahre alt, von kleinem Wuchs. Mit ihren steifen Gliedern macht sie einen etwas kantigen Eindruck; ihre Sprache ist deutlich, aber langsam, ohne jegliche Melodie. Der Mittelteil ihres Gesichts sieht flach aus, mit einer vorstehenden Römernase. Sie hat leichte Entwicklungsprobleme, aber es wurde nie eine Ursache dafür gefunden. Mir fällt auf: Sie ähnelt ganz eindeutig den ‚Zwillingen', zwei jungen Frauen, die ich sehr gut kenne, und die das Rubinstein-Taybi-Syndrom haben.

Das Rubinstein-Taybi-Syndrom wurde erstmals 1963 von Rubinstein und Taybi beschrieben. Es ist ziemlich selten und kommt nur bei einer von 100.000 Geburten vor. Ein anderer Name für dieses Syndrom ist ‚Großer-Daumen-und-große-Zehe-Syndrom'. Der besondere große Daumen und/oder die große Zehe sind eines der verbreitetsten Kennzeichen.

Die Ursache ist nicht ganz geklärt. Geklärt ist, dass es einen genetischen Hintergrund gibt, und die Tatsache, dass eineiige Zwillinge das Syndrom haben können, ist ein Beweis dafür. Es kann sich durch ganze Generationen einer Familie ziehen, aber für gewöhnlich hat nur ein Familienmitglied die Erkrankung. Die jüngste Forschung hat bei manchen der behinderten Menschen kleine genetische Veränderungen festgestellt, hauptsächlich am Chromosom 16.

Beispiel: Die Zwillinge Sandra und Lucy

Die erwähnten Zwillinge stehen mir am klarsten vor Augen – eineiige Zwillinge mit demselben Syndrom. Es fällt mir immer noch schwer, sie nicht zu verwechseln, weil sie (für mich) genau gleich aussehen. Dennoch haben sie deutlich unterschiedliche

Persönlichkeiten. Sandra wurde als Erste nach einer Schwangerschaft von 38 Wochen geboren. Die Geburt wurde künstlich eingeleitet, und es gab keine Komplikationen. Sie wog 5 Pfund und verbrachte zwei Wochen in einem Brutkasten. An sich machte sie sich gut, aber ihre motorische Entwicklung verzögerte sich. Sie konnte mit 18 Monaten sitzen und mit drei Jahren sprechen. Erste richtige Worte formte sie im Alter von vier Jahren, dem Alter, in dem sie und ihre Schwester Lucy in die Schule kamen. Tagsüber war sie sauber, aber nachts brauchte sie eine Windel. Sie weinte viel, war ziemlich hyperaktiv und ständig auf Achse. Im Alter von drei Jahren wurde eine Herzoperation erforderlich, um den angeborenen Herzfehler zu korrigieren. Sie verbrachte den Rest ihrer Schulzeit im Internat. Während einer bestimmten Zeit lebten sie und ihre Schwester in unterschiedlichen Häusern, damit ihre eigenständige Entwicklung gefördert werden sollte. Man erzählt sich, dass sie manchmal absichtlich den Platz tauschten und es eine Weile dauern konnte, bis die Gruppenleiterin merkte, dass sie das falsche Mädchen bei sich hatte. Lucy hat dieselben Fähigkeiten wie Sandra, aber sie reagiert anders auf die Welt und ist lockerer als Sandra.

Im Alter von 18 Jahren zogen sie beide in ein Ausbildungszentrum für junge Menschen mit Behinderungen. Zu dieser Zeit war das Leben nicht leicht für Sandra, denn 18 ist ein Alter, in dem eine junge Erwachsene allmählich ihren eigenen Lebensweg findet. Das ist hart genug für jeden Jugendlichen, geschweige denn für diejenigen mit zusätzlichen Problemen. Diese Phase war für Sandra besonders schwierig, da der Kontakt zu ihrer eigenen Familie abbrach. Sandra konnte aggressiv und schwierig für ihre Betreuer sein. Sie wurde in dieser Zeit stark durch intensive Gesprächstherapie unterstützt, und es gelang ihr allmählich, ihr schwieriges Verhalten als solches zu erkennen. Sie war nicht in der Lage, diese Einsicht sofort auf den Alltag zu übertragen, und konnte eine Zeit lang immer noch schwierig sein. Langsam entspannte sie sich und fühlte sich im Alltag etwas wohler. Sie interessierte sich sehr für die Menschen um sie herum und begegnete ihnen mit Wärme. Nach zwei Jahren wurde die Gesprächstherapie beendet. Sie erhielt sogar einen angenehmen Besuch von ihrer Mutter. In dieser Zeit machte sie auch eine Kunsttherapie. Dies half ihr dabei, sich durch ihren eigenen inneren Aufruhr durchzuarbeiten.

Sandra ist immer noch eine aufgeschlossene junge Dame mit einem starken Gefühlsleben. Während ich dieses Kapitel schrieb, schrieb ich an Sandras Betreuer, um zu fragen, wie es ihr ginge. Ich möchte aus dem Brief des Betreuers zitieren:

„Ich las Sandra Ihr Kapitel vor. Sie war damit sehr zufrieden. Es war interessant, dass sie, während ich (sehr langsam und ruhig) vorlas, ziemlich aufgeregt darüber wurde, von sich selbst zu hören, und ihre Hände nicht still halten konnte und mich die ganz Zeit leicht berührte. Ich finde es seltsam, dass sie nicht auf Frieden und Ruhe in einem anderen Menschen reagiert, und dass sie am glücklichsten scheint, wenn sie ihre Umgebung zu ihrem eigenen Tempo aufgestachelt hat. Sie tut dies ständig, wenn sie unterwegs ist, und wegen ihres freundlichen, extrovertierten Wesens gelingt es ihr oft, die Reaktion zu bekommen, die sie sucht. Es ist fast, als ob sie in einer höheren Frequenz vibriert als der Rest der Welt, und ihr Umfeld dazu herausfordert, sich an sie anzupassen. Wie Sie sich vorstellen können, kann dies andere Heimbewohner aufregen, und dadurch entstehen viele Kämpfe."

Sandra sagte Folgendes dazu:
„Es gefällt mir, meinen Namen schreiben zu lernen. Ich mache gern Ausflüge – gehe gern ins Kino und in Restaurants. Ich besuche meine Mutter und meinen Vater gern. Ich arbeite auf dem Bauernhof in Corbenic [eine Camphill-Einrichtung für Erwachsene] mit den Hühnern, Ziegen und Eseln. Ich backe auch gern Kuchen und Kekse in der Konditorei. Ich bin gern glücklich und liebe es, in Corbenic zu leben. Es ist schön, neue Freundschaften zu schließen. Manchmal bekomme ich schlechte Laune. Gestern trocknete ich das Geschirr ab und ich wurde wütend und ich haute Ben. Ich entschuldigte mich danach. Ich mag Diskos und Einkaufen. Ich liebe meine Schwester Lucy. Es regt mich auf, wenn Leute mit mir schimpfen."

Sandra und ihre Zwillingsschwester

Körperliche Merkmale

Rubinstein-Taybi-Kinder sind ziemlich leicht zu erkennen. Die Augen stehen weit auseinander, die Augenlider können herunterhängen und die Wimpern sind lang. Oft tragen die Kinder wegen Sehschwierigkeiten eine Brille. Die Nase ist ziemlich vorstehend und gebogen oder gerade. Der Mund ist klein mit einem hohen, gebogenen Gaumen, und aufgrund dessen sind die Zähne oft zusammengedrängt. Die Form von Daumen und großer Zehe ist auffällig anders – sie sind breit und stehen oft ein bisschen nach außen.

Kinder mit Rubinstein-Taybi-Syndrom wiegen bei der Geburt 2,5 kg oder weniger, wachsen langsam und sind klein. Während der frühen Kindheit kann es oft Probleme beim Füttern geben. Es treten allgemeine Entwicklungsverzögerungen auf. Die Mikrocephalie (kleiner Kopf) ist ein Zeichen für das langsame Wachstum des Gehirns. Angeborene Herzfehler wie in Sandras Fall sind ziemlich häufig; es kann auch Probleme mit dem Harntrakt geben. Die Kinder haben oft Pilzinfektionen an den Nägeln. Es besteht eine Neigung zur Keloid-Bildung (fleischige Narben) nach einer Verletzung. Das EEG zeigt bei 66 Prozent der Kinder ein ungewöhnliches Muster der Gehirnströme, aber nur 25 Prozent haben eine Epilepsie. Die durchschnittliche Lebenserwartung ist normal.

Verhalten

Nicht nur in ihren körperlichen Merkmalen und ihrer körperlichen Entwicklung, sondern auch im Verhalten der Kinder und Erwachsenen mit diesem Syndrom bestehen viele Ähnlichkeiten. Die meisten haben eine ziemlich kurze Konzentrationsspanne und lassen sich leicht ablenken. Sie sind eher praktisch als verbal begabt. Die Sprachentwicklung kann schwierig sein. Manche Kinder kommunizieren überhaupt nicht verbal, sondern entwickeln eine eigene Sprache, die sie effektiv und positiv einsetzen. Alle verfügen aber über ein gutes Sprachverständnis. Ihre Sprechweise ist meist gut und verständlich, obwohl sie ziemlich schnell sein kann.

Diese Kinder werden im Allgemeinen als aufgeschlossen mit glücklicher Grundstimmung wahrgenommen und sind problemlos gesellig; sie sind fast *zu* freundlich und lieben die Aufmerksamkeit von Erwachsenen. Sie reagieren positiv auf Musik. Die meisten werden unabhängig, was ihre Körperpflege betrifft. Wenn man Menschen mit dieser Krankheit begegnet, beobachtet man eine gewisse Steifheit, einen Mangel an natürlicher Geschmeidigkeit in ihren Bewegungen. Die Feinmotorik ist aufgrund der Form des Daumens davon besonders betroffen. Die Hälfte der Kinder weisen selbststimulierendes Verhalten auf, wie Händeklatschen, sich wiegen und drehen. Die meisten Kinder mögen Ortswechsel nicht. Sie sind häufig überempfindlich für Geräusche.

Erwachsene mit diesem Syndrom können plötzliche Stimmungsschwankungen mit trotzigen Launen haben. Die leichte bis mittlere Lernbehinderung bringt mit sich, dass Menschen mit diesem Syndrom in ihrer Wohnsituation und bei der Arbeit Hilfe brauchen.

Ihre Extrovertiertheit und Offenheit kann auch als Mangel an Distanz zu anderen Menschen aufgefasst werden. Sie reagieren sehr direkt auf die Welt, sind sehr offen, aber dahinter kann sich eine gewisse Angst verbergen. Wenn ihr Verhalten provokativ wird, hat es oft mit ihrem Gefühl zu tun, von der Welt um sie herum überwältigt zu werden. Meiner Erfahrung nach kann sich ein Mangel an Flexibilität in der Reaktion auf die Umwelt zeigen, und es können einige obsessive Elemente auftreten. Die Erwachsenen sind natürlich einigen Einschränkungen unterworfen, wenn sie ihr Leben selbst in die Hand nehmen wollen, da die fein- und grobmotorischen Fertigkeiten, besonders das Greifen mit dem speziellen Daumen, begrenzt sind. Sie haben hauptsächlich einen emotionalen Bezug zur Außenwelt, und dies kann manchmal zu Aufregung führen.

Es ist wichtig, Menschen mit dem Rubinstein-Taybi-Syndrom eine individuelle Hilfe anzubieten. Sprachtherapie kann wichtig sein, und die Erziehung muss allen aufgrund der Behinderung bestehenden besonderen Bedürfnissen gerecht werden. Gesprächstherapie war für Sandra sehr hilfreich, um mit ihren Problemen fertig zu werden. Ihr Aufenthalt hier zeigte auch, wie wichtig es ist, zu versuchen, Individuen durch ihre eigene Lebensgeschichte zu verstehen.

6 Fragiles-X-Syndrom

Jeden Monat besuche ich eine kleine Internatsschule für behinderte Kinder. Dieses Mal ist ein neuer Junge angekommen. Er sitzt in der Eingangshalle, nicht in der Lage, sich dem Rest der Schule anzuschließen. Nachdem ich ihn zwei Minuten lang beobachtet habe, frage ich den Verantwortlichen, ob er das Fragile-X-Syndrom hat. Sein großer Kopf mit den abstehenden Ohren, aber mehr noch als das, seine Angewohnheit, Blickkontakt zu meiden, machen mir dies sehr deutlich.

Es ist seit langer Zeit bekannt, dass Entwicklungsprobleme bei Männern häufiger sind als bei Frauen. Langdon Down, der als Erster das Down-Syndrom beschrieben hat, machte diese Entdeckung bereits 1866 während seiner Untersuchung von 2000 Kindern, bei denen er eine Rate von 2,1 : 0,9 im Verhältnis zwischen Jungen und Mädchen feststellte (Harris 1995). Später wurde eine Erklärung gefunden, die dahin geht, dass gewisse genetische Syndrome mit dem X-Chromosom in Verbindung stehen. Männer werden das ererbte Problem aufweisen, da sie nur ein X-Chromosom haben, während Frauen als Konduktoren (‚Merkmalsträger') des betroffenen Chromosoms fungieren.

Geschichte

Das Fragile-X-Syndrom wurde erstmals 1943 erkannt. Es ist die zweithäufigste Ursache von geistigen Behinderungen (das Down-Syndrom ist die häufigste). Es tritt auf der ganzen Welt und bei allen Völkern auf. Das Vorkommen beträgt 1 von 4000 bis 6000 Männern und 1 von 8000 Frauen, obwohl die jüngste Forschung diese Zahlen in Frage stellt und eine niedrigere Häufigkeitsrate vorschlägt. Der größte Unterschied zum Down-Syndrom besteht darin, dass das Fragile-X-Syndrom in bestimmten Familien auftritt und erblich ist.

Lotte Sahlmann arbeitete als Ärztin in Camphill-Gemeinschaften in England und beschrieb 1963 eine Gruppe junger Männer, die große Köpfe, abstehende Ohren und weiche, leicht errötende Haut hatten und hypersensibel waren. Sie hatte das Gefühl, dass sie ein starkes Schamgefühl hätten, weil sie ihren Blick bei der Begrüßung anderer Menschen abwendeten. Sie nannte sie Menschen mit „Ego-Hysterie" (persönliche Kommunikation). Damit meinte sie, dass solche Menschen mit ihrem Bewusstsein und ihrer Persönlichkeit sehr stark in ihrem Umfeld aufgehen – so stark, dass ihre Persönlichkeit um sie herum und nicht in ihnen selbst zu sein scheint.

Das Wort ‚Hysterie' kann verwirren, da es in so vielen unterschiedlichen Kontexten gebraucht wird. Als medizinischer Begriff bezieht sich ‚Hysterie' auf eine Gruppe psychischer Erkrankungen, bei denen Menschen ein Symptom ohne eine Krankheit haben, wobei dies unbewusst geschieht; zum Beispiel kann ein Mensch deswegen plötzlich nicht mehr laufen. In der Umgangssprache bedeutet ‚Hysterie' extravagantes Verhalten. Beide Beschreibungen von Hysterie verweisen auf die Tatsache, dass etwas nicht unter Kontrolle oder ‚losgelöst' ist. In der medizinischen Definition von ‚Hysterie' sind die physischen Symptome nicht unter Kontrolle. Im alltäglichen Wortgebrauch sind die Emotionen nicht unter Kontrolle. ‚Ego-Hysterie' verweist auf die Tatsache, dass die betreffende Person ihr Ego – die Persönlichkeit – nicht unter Kontrolle hat.

In den 80er-Jahren stellte sich heraus, dass sich ‚Ego-Hysterie' auf dieselbe Erkrankung bezog wie der wissenschaftliche Begriff ‚Fragiles-X-Syndrom'. Sahlmann hatte zu vielen Männern mit dem Fragilen-X-Syndrom eine enge Verbindung, und sie beschrieb, dass Menschen mit dieser Behinderung eine besondere seelische Verfassung haben.

Ungefähr 80 Prozent der Männer mit diesem Syndrom haben eine geistige Behinderung. Unter Frauen beträgt diese Rate 39 Prozent. Weitere 33 Prozent der Frauen haben eine spezifische Behinderung. Also tritt diese Krankheit nicht nur bei Männern mit ihrem einen X-Chromosom auf. Es gibt auch Frauen mit diesem Syndrom, die ein gesundes X-Chromosom neben ihrem fragilen X-Chromosom haben.

Das Fragile-X-Chromosom wurde 1969 von Herbert Lubs entdeckt, der zeigte, dass nur ein kleiner Teil eines Gens auf dem X-Chromosom instabil ist. 1991 stellte sich heraus, dass es sich ziemlich unterschiedlich auswirken kann: Manche Menschen sind kaum eingeschränkt, während andere eine deutliche Lernbehinderung aufweisen. 1991 fand Verkerk auch das spezifische Gen, dass das Fragile-X-Syndrom auslöst. Das Gen befindet sich auf dem X-Chromosom und enthält eine sich wiederholende Sequenz, die als CGG (Cytosin Guanin Guanin) bekannt ist. Diese Sequenz wiederholt sich normalerweise ungefähr 30 Mal, aber es kann vorkommen, dass sie sich zu oft wiederholt. Beim Konduktor beginnt die Spanne der Wiederholungen bei ungefähr 50 und kann bis zu 200 Wiederholungen erreichen. Der Konduktor wird kaum Probleme haben, aber es kann passieren, dass sich dieser instabile Teil des Gens während der Meiose (Teilung) der weiblichen Eizelle selbst weiter multipliziert. Wenn sich die CGG-Abfolge öfter als 200 Mal wiederholt, wird ein Teil des X-Chromosoms stillgelegt (dieser nennt sich FMR-1-Gen), und das Syndrom tritt in Erscheinung.

Zusammenfassend kann man also festhalten, dass das Fragile-X-Syndrom in bestimmten Familien auftritt und auf die X-Chromosomen zurückzuführen ist. Wenn ein männlicher Konduktor eine Tochter hat, wird sie auch zum Konduktor. Auch das Kind eines weiblichen Konduktors kann die volle Mutation erhalten, aber diese Symptome sind für gewöhnlich bei Frauen weniger ausgeprägt als bei Männern. Daher besteht bei einer Mutter, die ein Konduktor ist, eine 50-Prozent-Chance, dass sie das Gen, das mit dieser Krankheit verbunden ist, weitervererbt. Den Grad der Behinderung beeinflusst die Tatsache, ob das Kind männlich oder weiblich ist, oder ob es eine Prämutation oder eine volle Mutation aufweist. Wenn also eine Mutter ihr Fragiles-X-Gen an ihr Kind weitergibt, kann das Kind ein Konduktor sein oder das Fragile-X-Syndrom bekommen. Tatsächlich habe ich mich neulich mit einer Mutter dreier solcher Söhne unterhalten. Das erste Kind hat sich ein wenig langsam entwickelt. Vielleicht ist er einfach nur faul, dachte sie. Die Schule brachte auch für den zweiten Sohn Probleme mit sich, aber es dauerte bis zur Untersuchung der Probleme des jüngsten Sohnes, bis es sich herausstellte, warum alle drei Jungen Probleme hatten – sie hatten alle das Fragile-X-Syndrom.

Ein Konduktor zu sein, kann essenzielle Gewissensfragen aufwerfen. Ist eine pränatale Diagnose notwendig? Sollte ein betroffener Fötus nur dann abgetrieben werden, wenn es ein Junge ist? Möchte ich überhaupt ein Kind empfangen? Der Fragile-X-Newsletter enthält einige bewegende Geschichten über diese schwierigen Fragen, denen sich Konduktoren stellen müssen.

Vor kurzem wurde ich gebeten, einen Vortrag für die Fragile-X-Society zu halten. Ich führte deswegen eine Umfrage durch, wie viele Menschen mit Fragilem-X in den verschiedenen Camphill-Gemeinschaften in Großbritannien und Irland leben, in Gemeinschaften, die insgesamt 1700 Behinderte versorgen. Den Antworten zufolge war bei 41 Heimbewohnern Fragiles-X-Syndrom diagnostiziert worden, und es wurde vermutet, dass weitere 26 Bewohner das Fragile-X-Syndrom haben könnten. Wir wissen, dass sich besonders unter behinderten Erwachsenen viele Menschen befinden, die keine Diagnose erhalten haben. Wenn ich also annehme, dass die Hälfte dieser nicht-diagnostizierten Gruppe ebenfalls das Fragile-X-Syndrom hat, dann leben 54 Männer mit dieser Erkrankung in Camphill – schätzungsweise 3 Prozent der Heimbewohner, was eine beträchtliche Anzahl darstellt. Niemand erwähnte irgendwelche Frauen.

Ein Punkt meines Fragebogens betraf die Lebensqualität der Menschen mit dem Fragilen-X-Syndrom. Die Antworten variierten von ‚exzellent' und ‚sehr gut' zu ‚hoch' und ‚gut'. Dies trotz der Tatsache, dass 47 Prozent dieser Gruppe gelegentlich immer noch Temperamentsausbrüche hatten.

All diese Fakten werfen Fragen auf. Um was für eine Art von Syndrom handelt es sich? Warum ist es so wenig bekannt, wenn es relativ häufig ist?

Körperliche Merkmale und Verhalten

Das Wissen über dieses Syndrom ist relativ neu. Die typischen Merkmale des Fragilen-X-Syndroms verändern sich mit zunehmendem Alter der Betroffenen.

Kleinkinder vermeiden Augenkontakt, spielen in der Nähe ihrer Altersgenossen, aber nicht *mit* ihnen. Beim Sprechen wiederholen sie oft ihre eigenen Worte. Auf Autorität reagieren sie negativ. Insgesamt kann man sagen, dass sie Spätentwickler sind. Ihre Konzentration ist mangelhaft, sie sind sehr aktiv und impulsiv.

Nach der Pubertät haben Menschen mit Fragilem-X-Syndrom Lernschwierigkeiten. Sie haben zwar ein relativ gutes Gedächtnis, sind aber besonders im Rechnen schlecht.

Vor allem nach der Pubertät haben die Männer mit dem Fragilen-X-Syndrom einen großen Kopf mit einer hohen Stirn und einem offenen Gesicht, die Ohren sind sehr deutlich sichtbar – groß, fleischig und wohlgeformt. Sie haben einen breiten Mund mit festen Lippen, starken Zähnen und einem ausgeprägten Kiefer. Diese Züge sind bei Frauen nicht so typisch, deren Haut samtig ist und jugendlich aussieht und die leicht erröten. Bindegewebsdysplasie erklärt die ‚losen' Gelenke, die Plattfüße und kann auch einen Mitralklappenprolaps (ein „Vorfall/Heraustreten" der Klappe an der rechten Seite des Herzens) auslösen. Im Allgemeinen sind diese Menschen kleiner als der Durchschnitt. Manche schielen.

Ihre Fruchtbarkeit ist normal. Die Männer haben oft vergrößerte Hoden. Eine Epilepsie kann in 20 Prozent der Fälle auftreten. Hyperaktivität kann häufig vorkommen, ebenso wie eine kurze Konzentrationsspanne und ein impulsives Wesen. Ausbrüche sind bei Menschen mit Fragilem-X-Syndrom ein echtes Problem; sie passieren oft, weil sie etwas irritiert, wie zum Beispiel plötzliche Geräusche, wenn sich jemand zu direkt nähert, oder ein generelles Gefühl steigender Anspannung. Zwei junge Männer, mit denen ich zusammenlebte, wurden wütend, wenn es blitzte und donnerte – die aufgeladene Atmosphäre war zu viel für sie.

In Schottland begegnete mir ein junger Mann, dessen Gesicht mir ziemlich vertraut war. Es war fast ein Schock, wie ähnlich er einem jungen Mann war, der in meiner Hausgemeinschaft in Holland gelebt hatte – derselbe Körperbau, dieselbe Art zu sprechen, sogar dieselbe Art, wie er sich am Kopf kratzte, wenn er sich unsicher fühlte.

Die Überempfindlichkeit scheint mir das charakteristischste Merkmal dieser Behinderung zu sein. Dies fällt bei der ersten Begegnung auf – die Vermeidung des Blicks, manchmal ist sogar der ganze Kopf abgewandt. Manchmal wird das Gesicht mit den Händen verdeckt. Die Sprechweise ist typisch – sie wiederholen sich und sprechen im Stakkato, ohne den Satz richtig abzuschließen. Es handelt sich eindeutig nicht um autistisches Verhalten. Ein autistisches Kind sieht andere Menschen nicht an und nimmt deren Existenz nicht erkennbar wahr. Auf Menschen mit dem Fragilen-X-Syndrom machen andere Menschen oft einen sehr starken Eindruck. Dieser kann derartig stark sein, dass sich der behinderte Mensch von der Erfahrung überwältigt fühlt, sich in sich selbst zurückzieht und seinen Blick von der anderen Person abwenden muss. Untersuchungen belegen dies.

In der Forschung wurden Tests durchgeführt, um den Grad von geistiger Behinderung beim Fragilen-X-Syndrom festzustellen. Die meisten IQ-Tests liefern einen IQ von 35–70 (der durchschnittliche IQ von Menschen ohne Behinderungen beträgt 100+) mit einer relativen Begabung im Sprachbereich. Eher begrenzt ist die Fähigkeit, Probleme zu lösen, die aufeinander aufbauen; verschiedene Eindrücke werden sehr schnell überwältigend. Ebenso charakteristisch sind die Konzentrationsschwierigkeiten, das schlechte Kurzzeitgedächtnis, die mangelhafte Verarbeitung von Informationsabfolgen und Probleme in Mathematik und beim Umgang mit Zahlen.

Sogar Männer mit diesem Syndrom, die kaum sonstige typische Merkmale dieser Behinderung aufweisen, haben dennoch spezifische Probleme auf diesen Gebieten. Sie können aber gut lesen, buchstabieren und Objekte visuell einordnen.

Bei 50 Prozent der Frauen mit diesem Syndrom tritt die Behinderung nicht in Erscheinung, und sie haben einen normalen IQ. Die anderen 50 Prozent haben mittlere oder leichte Behinderungen. Frauen haben dieselben Probleme mit ihrer Konzentrationsfähigkeit, Mathematik und dem Kurzzeitgedächtnis, aber ihre Stärke ist der verbale Ausdruck. Schüchternheit, innere Anspannung und soziale Isolation sind nicht unüblich.

Sprache

Die Sprache von Menschen mit Fragilem-X-Syndrom ist nicht bedeutungslos. Die Wiederholungen und die Echolalie haben für sie eine Bedeutung. Es ist natürlich durchaus möglich, dass auch Menschen mit dem Fragilen-X-Syndrom Autisten sind, aber dies wäre ein sehr kleiner Prozentsatz.

Menschen mit dem Fragilen-X-Syndrom haben ein charakteristisches Sprachmuster. Es scheint, als ob die Sprache durch sie hindurchströmt, statt dass sie aktiv sprächen. Die Sprachentwicklung ist verzögert; die Sätze sind nicht flüssig oder abgeschlossen, es kommt zu Echolalie und die Sprechweise ist repetitiv. Manchmal können sie mitten im Satz stecken bleiben (verbale Perseveration). Die Stimmhöhe kann variieren und den Eindruck machen, es würde eine Litanei heruntergebetet.

Im Allgemeinen sind Menschen mit dem Fragilen-X-Syndrom verbal orientiert und kommunikativ, und ihre Ausdrucksweise ist nie ohne Bedeutung oder emotionalen Ausdruck. Sie sind oft ziemlich direkt und deutlich in ihrer Beziehung zu anderen. Wenn man sorgfältig zuhört, enthält ihre zusammengewürfelte Sprache viele aufmerksame Beobachtungen. Manchmal wirkt dieser endlose Strom von mündlichen Kommentaren jedoch ermüdend auf den Zuhörer.

Neuroanatomie

Forscher haben versucht, die Gehirne von Menschen mit Fragilen-X-Chromosomen zu untersuchen. Manche Teile des Gehirns sind deutlich überentwickelt – dies liegt wahrscheinlich an der Deaktivierung des Gens FMRP [FMR1-Protein], das für gewöhnlich das normale Zellenwachstum harmonisch reguliert. Der Mittelteil des Cerebellums – der Vermis cerebelli posterior (‚hinterer Kleinhirnwurm') – ist ziemlich klein. Dies ist der Teil des Gehirns, der normalerweise die Aufgabe hat, Eindrücke zu integrieren, aufeinander abzustimmen. Seine geringe Größe könnte somit die Probleme erklären, die diese Menschen im Bereich der sensorischen Überempfindlichkeit haben, aber auch ihre chaotische Motorik und den desorganisierten Sprachgebrauch – in all diesen Bereichen wird keine Harmonie erreicht.

Grenzerfahrungen: Bart und Joe

In unserer modernen Kultur mehren sich die Gefühle der Angst, Ruhelosigkeit und des Unwohlseins. Das ständig wachsende Bedürfnis nach Psychotherapie, Gesprächstherapie oder anderen Therapien mag ein Indikator dafür sein. Nicht behinderte Menschen, die einen therapeutischen Prozess durchlaufen haben, sind sich darüber bewusst, wie erschütternd die Ergebnisse der psychologischen Beratung sein können: ‚Man erlebt sich selbst als entblößt, und alle äußerlichen Schichten der Maskerade fallen weg.' Während eines solchen therapeutischen Prozesses sind Menschen oft nicht in der Lage, ihren Alltag wie gewohnt zu bewältigen, da die Therapie einen hohen Einsatz erfordert. Menschen mit dem Fragilen-X-Syndrom aber leben ständig in dem Bewusstsein ihrer Begrenzungen, ihrer

Einseitigkeit und ihrer Behinderung. Sie sind sich aber auch der verletzlichen Seiten ihrer Mitmenschen bewusst. Für sie ist dies ist eine überwältigende Erfahrung, die sie dazu zwingt, ihren Blick abzuwenden, wenn sie anderen Menschen begegnen; viele werden dabei rot, als ob sie sich schämten. Diese Menschen leben an der Grenze des normalen Bewusstseins, und das kann eine lähmende Erfahrung sein.

Diese Verhaltensweise habe ich an *Bart* beobachtet, einem großen, starken jungen Mann. Auf den ersten Blick schien alles in Ordnung, abgesehen von einem mittleren Grad an geistiger Behinderung. Aber warum gelang es ihm nicht einmal, den Küchenboden zu wischen? Näherte man sich ihm zu direkt oder zu übereilt, war dies für ihn so unangenehm, dass er einen Wutanfall bekam und Menschen verletzen konnte. Hatte sich der Ausbruch aber gelegt, tat es ihm furchtbar leid und er schämte sich.

Aufgrund seiner Hypersensibilität war sich Bart der Gefühle seiner Mitmenschen sehr stark bewusst: Er war fast hellsichtig. Er konnte viele scharfsinnige Bemerkungen und Beobachtungen machen. Wenn aber seine Laune schlecht war, konnte er ausfallend werden. Er wusste, wenn *ich* schlechte Laune hatte, noch bevor ich irgendetwas gesagt oder ihn auch nur angesehen hatte.

Einmal traf Bart jemanden, dem er zuvor noch nie begegnet war. Ich selbst kannte diesen Mann und wusste von seinen inneren Konflikten und Kämpfen. Innerhalb einer Minute begann Bart, ihn zu belehren: ‚Was glaubst du eigentlich, wer du bist, wer bist du? Du sitzt hier in deinem Zimmer und schreibst, aber das ist nicht die Antwort.‘ Der Mann war erstaunt. ‚Hallo,‘ sagte er, ‚wer ist dieser junge Mann?‘ Der Mann sah sich gerade mit seinen eigenen Zweifeln konfrontiert. Dieses Beispiel verdeutlicht, wie direkt und intensiv sich Menschen mit Fragilem-X-Syndrom dem Gefühlsleben anderer Menschen bewusst sein können.

Diese Hypersensibilität kann manche Aspekte im Leben dieser Menschen erschweren, wie das Betreten eines Raums voller Menschen, aber auch das Überwinden von Schwellen, wenn man sich von einem Raum zum anderen bewegt. Wie oft beobachtete ich Bart, wie er vor der Tür zum Esszimmer herumlungerte und dabei laut mit sich selbst redete? Manchmal gelang es ihm, das Esszimmer zu betreten, manchmal nicht. Ein Witz, eine Hand auf der Schulter oder ein sanfter Schubs konnten helfen, aber nicht immer.

Der Begriff „Grenzerfahrung" charakterisiert auch *Joes* Situation deutlich. Joe war in der gleichen Klasse wie mein 5-jähriger Sohn und hatte den typischen schönen, großen Kopf mit abstehenden Ohren wie jemand mit Fragilem-X. Joe war zusammen mit anderen Kindern aus der Vorschule zur Geburtstagsfeier meines Sohnes eingeladen. Ich fragte mich, ob sich Joe trauen würde, den Raum zu betreten. Die helfende Hand eines anderen Kindes schien die beste Methode, und Joe ließ sich zufrieden in einer Ecke nieder und spielte allein. Um ihn herum nahm die Geburtstagsfeier ihren Lauf. Er zog sich auch während der Klassenfeier zurück, zu der alle Eltern eingeladen waren, und spielte zufrieden.

Beispiel: Ian

Ich stieß zufällig auf einen Schulbericht über Ian, einen unserer Jugendlichen mit dem Fragilen-X-Syndrom. Es ist eine so lebendige und zutreffende Beschreibung des Alltags eines Menschen mit Fragilem-X-Syndrom, dass ich sie hier gerne mit Ihnen teilen möchte:

„Als Ian in die Camphill-Schulen kam, wurde er von seiner Mutter und zwei Sozialarbeitern gebracht. Der Stress, einer solchen neuen Situation ausgesetzt zu sein, war eindeutig zu viel für ihn. Er flüchtete sich in einen Sessel, bedeckte sein Gesicht mit den Händen und spähte, als er dachte, dass niemand hinsähe, durch seine Finger. Jedes Bemühen, Freundschaft mit ihm zu schließen oder ihn an den Tisch zu locken, führte dazu, dass er sich vor Verlegenheit wand und fluchte. Erst eine Stunde später, als er mit einem Erwachsenen allein war, kam er schüchtern hervor, um zu essen.

Während des vergangenen Schuljahres hat Ian schließlich sehr große Fortschritte gemacht. Er hat sich seinen eigenen Platz in unserem Haus geschaffen, wo seine Warmherzigkeit und sein freundliches Interesse sehr geschätzt werden. Er ist jetzt 15 Jahre alt, durchschnittlich groß und mit dem für behinderte Kinder mit konstitutioneller Überempfindlichkeit typischen Körperbau. Sein Kopf ist etwas groß, und sein Haar ist wie eine Kappe aus seidigen braunen Locken, sein Gesicht ist breit und offen, er hat funkelnde brau-

ne Augen und einen breiten, ziemlich fleischigen Mund, der normalerweise zu einem fröhlichen Grinsen geöffnet ist. Sein Körper ist leicht schwerfällig, seine Finger und Zehen sind eher stumpf. Seine Haut ist ungewöhnlich zart und durchsichtig, er errötet leicht, und in Situationen von leichtem Stress oder Unsicherheit ist er Schweiß bedeckt. Sein allgemeines Erscheinungsbild vermittelt dennoch Frische gepaart mit äußerster Sensibilität.

Ian kann sich alleine ausziehen, aber er benötigt Unterstützung beim Anziehen. Hemden, Shirts und Pullover zieht er nach außen gedreht oder verkehrt herum an, und seine Schuhe sitzen unvermeidlich verkehrt herum. Er kann keine Knöpfe zumachen oder mit Schnürsenkeln und Schleifen fertig werden. Wenn er sich auszieht, reißt er an seinem Hemd, bis die Knöpfe ‚aufgehen' oder abspringen. Sein tollpatschiger, plumper Körper behindert ihn bei allen fein zu koordinierenden Bewegungen. Ian möchte gerne sauber sein, kann aber nicht selbst entscheiden, wann es Zeit ist, die Kleidung zu wechseln. Während er jede kleinste Unordentlichkeit an anderen schnell bemerkt, ist er normalerweise blind für sein eigenes Aussehen; wenn er jedoch für eine besondere Gelegenheit hergerichtet wird, zeigt er seine Freude durch ein strahlendes Lächeln und verströmt Wohlbefinden.

Bei den Mahlzeiten kann Ian ein anstrengender Nachbar sein, da er nur durch häufiges Erinnern ordentlich essen kann. Er geht etwas ungeschickt mit Messer und Gabel um und braucht Platz, um sich auszubreiten. Oft lehnt er sich über seine Nachbarn, greift über sie, um Teller weiterzureichen oder sich etwas zu holen. Er hat einen herzhaften Appetit und wenig Vorstellung davon, wann er aufhören sollte. Als Ian zu uns kam, war er stark übergewichtig und wurde unhöflich oder fluchte, wenn seine Diät kontrolliert wurde. Wir haben daran gearbeitet, so dass er jetzt seine Diät einigermaßen gut akzeptiert.

Ian schläft nachts fest. Er schläft ein, sobald er in seinem Bett ist. Bis vor kurzem machte er jede Nacht ins Bett, außer wenn er im Laufe der Nacht noch einmal geweckt wurde. Er schämte sich sehr dafür und war natürlich nicht in der Lage, seine Wäsche zu waschen. Während der letzten Wochen ist er aber sauber geblieben, ohne geweckt zu werden, und ging jeden Morgen stolz auf die Toilette. Tagsüber macht Ian in Stresssituationen immer noch manchmal in die Hose; es hilft ihm, wenn er daran erinnert wird, die Toilette zu benutzen. Inzwischen bittet er Erwachsene um Hilfe beim Umziehen oder bei der Benutzung von Toilettenpapier.

Mit einiger Hilfe kann sich Ian waschen, er putzt sich selbst die Zähne, aber er kann sich nicht gut die Haare kämmen oder die Nägel schneiden. Meistens führt er alle Handlungen überstürzt aus, daher sind die Resultate etwas bruchstückhaft. Er ist schmerzempfindlich, spürt heiß und kalt einigermaßen gut. Er ist von unserer Alltagsroutine und -struktur abhängig und beginnt nun, etwas besser zu wissen, wo er zu einer bestimmten Zeit sein sollte. Dazu orientiert er sich an der Reihenfolge der Ereignisse, da er nicht in der Lage ist, eine Uhr zu benutzen oder die Zeit abzulesen.

Extreme Schüchternheit macht ihm jede direkte Annäherung zur Tortur. Wenn er direkt angesprochen wird, lächelt er schmerzerfüllt und wendet sich ab. Sein Gefühl der Verlegenheit kann so groß sein, dass sich sein ganzer Körper vor Verzweiflung windet, und er kann schreien, fluchen oder spucken. Er ist so schüchtern und sich seiner selbst so übermäßig bewusst, dass sogar ein kritischer Blick gewaltige Ausbrüche von Heulen und Fluchen hervorrufen kann! Er kann mit einem Gespräch nur umgehen, wenn man ihn nicht direkt ansieht, und manchmal erweist es sich als hilfreich, den Kopf in eine andere Richtung zu drehen, wenn man mit ihm spricht.

Diese Schwierigkeiten zeigten sich deutlich bei seiner täglichen Fahrt zur Schule. Unser Kleinbus hat zwei Reihen von gegenüberliegenden Sitzen. Ians lautstark geäußerte Abneigung gegen den Bus verschwand, sobald er vorne sitzen durfte, und nun fährt er ruhig und ohne Aufregung. Für gewöhnlich ist Ian freundlich und kooperativ, aber wenn man sich ihm ohne Rücksicht auf seine Gefühle nähert, ist mit starken Temperamentsausbrüchen, Aggressionen gegen seinen Peiniger und Tränenfluten zu rechnen. Im Laufe des Jahres ist er viel ruhiger geworden, er hat sich besser im Griff und seine Ausbrüche sind seltener geworden.

Ian ist außergewöhnlich gesprächig. Zuerst wurde jede Beobachtung und Erfahrung von einer Flut von Kommentaren be-

Ian, 25 Jahre alt

gleitet, die ihn für die meisten unserer allgemeinen Zusammenkünfte zu einem zu lauten Teilnehmer machten. Wenn er vom Sprechen abgehalten wurde, verfügte er über ein Repertoire von Geräuschen, z. B. Rülpsen, Stöhnen, Keuchen, die er dazu verwendete, jeden ruhigen Moment zu stören. In dieser Hinsicht hat sich Ian erstaunlich gebessert, und jetzt ist es kaum mehr nötig, ihn aus geselligen Zusammenkünften zu entfernen – wenn ein Erwachsener bei ihm ist. Auf diese Weise besucht er Theaterstücke, Konzerte und unsere wöchentlichen oder vierteljährlichen Festivals.

Wenn er eine Frage beantwortet, spricht Ian weitschweifig mit einem deutlichen Akzent aus Edinburgh, entweder geflüstert oder auf eine schnelle, monotone Weise gemurmelt. Je direkter die Fragen oder Forderungen sind, desto schneller und unverständlicher seine Antwort. Er gibt selten eine direkte Antwort, sondern zieht es vor, in seinen einsilbigen, sich wiederholenden Antworten daran vorbeizureden. Auf der anderen Seite macht er ziemlich relevante Beobachtungen oder zutreffende Bemerkungen über tägliche Ereignisse, wobei er dieselbe Bemerkung drei- oder viermal wiederholt, ohne Atem zu schöpfen, ein Gähnen oder Frösteln kann ein ‚Müde, Avril?' ‚Bist du müde?' ‚Müde, müde, Avril?' oder ein ‚Dir kalt, kalt Nobo,' oder ‚Hast du Meetin? Meetin? Meetin?' und so weiter hervorrufen.

Ian ist sehr gerne mit anderen zusammen, er bietet gerne an, Tee zu machen oder etwas zu holen; trotz seiner Tollpatschigkeit kann er volle Tassen oder Kännchen auf einem Tablett tragen, ohne etwas zu verschütten. Wenn er gelobt wird, zeigt er seine Freude, indem er seinen Körper versteift, tief Luft holt und in einem Anfall von Entzücken vor der Brust ‚mit den Flügeln schlägt'.

Ian ist von Natur aus ein Beobachter, seine Interessen sind gänzlich auf die zwischenmenschlichen Angelegenheiten um ihn herum konzentriert. Das Wohlbefinden anderer, ihr Aufenthaltsort und das, was sie gerade tun, ist von größter Wichtigkeit für ihn, daher kann er sich nicht länger als ein paar Minuten mit sich selbst beschäftigen, ohne sich zu langweilen und in einen der Gemeinschaftsräume zu gehen, um zu sehen, was los ist. Er steht bei Unterhaltungen und Telefongesprächen gerne daneben und zeigt seine Begeisterung durch sein ‚Flügelschlagen'. Die gegenüberlie-

gende Baustelle wirkte wie ein Magnet. Man konnte ihn ständig dabei antreffen, wie er den Bauarbeiten zusah, wobei er zwischendurch immer wieder auf einen kurzen Besuch in die Küche zurückkam, um sicherzustellen, dass alles in Ordnung war.

Er macht sehr schön sauber, und wenn er nicht abgelenkt wird, säubert er Küchenregale und Schubladen zuverlässig. Ian lernt gerade, sein Bett zu machen und abzutrocknen, aber seine Fähigkeiten hängen immer gänzlich von seiner Stimmung ab.

Während des vergangenen Schuljahres hat sich Ian gut bei uns eingewöhnt und deutliche Fortschritte gemacht. Er ist ein lautes, warmherziges Mitglied unserer Kindergruppe und wird von allen gemocht. Ian wird nächsten Herbst in ein anderes Haus umziehen müssen. Wir hoffen, dass die Veränderung ihn nicht aufregt, und wir freuen uns darauf, seine weiteren Fortschritte zu sehen.“ (Hausmutter)

Ian schloss die Schule ab und kam später in ein Ausbildungszentrum für junge Erwachsene, wo seine Ausbrüche seltener wurden; wenn sie aber vorkamen, waren sie sehr auffällig – drei Männer waren nötig, um ihn daran zu hindern, Schaden anzurichten, und er brauchte zwei Tage Ruhe, um sich von einem solchen Ausbruch zu erholen. Nach zehn Jahren im Ausbildungszentrum war Ian bereit für etwas Neues, aber es war nicht einfach, einen neuen Platz für ihn zu finden. Die Menschen bekamen ein wenig Angst, wenn sie von seinen möglichen Ausbrüchen hörten. Schließlich ging er nach Hause zurück. Das war keine ideale Lösung, da sich seine Familie nicht richtig um ihn kümmern konnte. Es gelang ihm jedoch erneut, Menschen zu finden, die ihm halfen, und jetzt lebt er in einer anderen kleinen Camphill-Gemeinschaft auf einem Bauernhof.

Betreuung und therapeutische Maßnahmen

Wie können wir den Menschen mit dem Fragilen-X-Syndrom helfen? Als Kinder wird ihnen oft Faulheit vorgeworfen. Ich hoffe, es ist nun klar geworden, woher ihre Schwierigkeiten kommen. Meiner Erfahrung nach ist es im Umgang mit ihnen am wichtigsten, ihre Überempfindlichkeit zu respektieren.

Hilfreich ist ein indirekter Umgang mit einer klaren Struktur; denken Sie daran, wie stark Ihre Persönlichkeit auf sie wirkt, und sprechen Sie sie behutsam an. Empfehlenswert ist auch, wenn Betreuer vorher untereinander ihr Vorgehen absprechen, so dass sie eine gemeinsame Haltung und ein gemeinsamer Vorsatz einigt. Der Umgang mit den behinderten Kindern in der Schule hängt natürlich vom Grad ihrer Behinderung und deren möglichen spezifischen Problemen, wie z. B. Leseschwäche, ab.

In dem bereits erwähnten Fragebogen an alle Camphill-Gemeinschaften wurde bemerkt, dass die Erwachsenen mit Fragilem-X-Syndrom sehr gut in ländlichen Dorfgemeinschaften zurechtkämen. Dort fänden sie nicht nur eine für sie hilfreiche Struktur, sondern auch Freiheit. Oft arbeiten sie auch gerne in Dorfläden, wo ihr Gespür für die verschiedenen Kunden sehr nützlich ist. Therapeutische Unterstützung kann ihnen helfen, und zwar in Form von Kunsttherapie.

Manchmal musste ich allopathische Medizin verabreichen, um dem betreffenden Menschen zu helfen, sich mehr zu entspannen und weniger überempfindlich zu sein. Ganzheitliche Heilmittel können sich auch positiv auswirken.

Adressen von entsprechenden Anlaufstellen, die Ihnen weiterhelfen können, finden sich im Anhang des Buches.

7 Fetales-Alkoholsyndrom

In unserem Dorf gibt es 20 Geschäfte. Man muss großes Glück haben, wenn man dort Unterwäsche oder Schnürsenkel finden will, aber es ist einfach, Alkohol zu kaufen. Zwei große Geschäfte sind voll davon, und im örtlichen Supermarkt ist er in allen Arten und Stärken erhältlich. Alkohol ist Teil unserer Kultur.

Dieses Kapitel behandelt die Auswirkung von Alkohol auf das ungeborene Kind. Das Fetale-Alkoholsyndrom ist natürlich kein genetisch bedingtes, sondern ein pränatales, angeborenes Syndrom. Weltweit ist das Fetale-Alkoholsyndrom eine häufige Ursache von körperlichen und psychischen Entwicklungsproblemen. Internationale Studien sprechen von einem Vorkommen von 19 schwer betroffenen unter 10.000 Kindern, und von 1 mittelschwer betroffenen unter 300 Kindern.

Geschichte

Der Gebrauch oder Missbrauch von Alkohol während der Schwangerschaft wird im Alten Testament im Buch der Richter (Ri 13,4) erwähnt: „So hüte dich nun, Wein oder starkes Getränk zu trinken und Unreines zu essen.“ Der griechische Philosoph Aristoteles, der von 384 v. Chr. bis 322 v. Chr. lebte, schrieb: „Dumme, betrunkene Frauen ohne Verstand setzen oft Kinder in die Welt, die ihnen ähneln.“ Bereits zu Aristoteles’ Lebzeiten war also bekannt, dass Kinder von Müttern, die Alkoholikerinnen waren, apathisch wirkten und ihnen das Spielerische oder die Lebensfreude fehlte. Zwischen 1720 und 1750 gab es in England eine so genannte Gin-Epidemie. Viele Menschen tranken große Mengen Gin. Ärzten fiel auf, dass ein großzügiger Alkoholgenuss der Mutter einen schlechten Einfluss auf ihre Kinder hatte.

Gegen Ende des 19. Jahrhunderts gab es Beschreibungen der negativen Auswirkungen von Alkohol auf das ungeborene Kind. Daher ist es ziemlich schockierend, dass das Fetale-Alkoholsyndrom erst 1970 ‚entdeckt' wurde (Harris 1995). Erst seit 1970 hat sich das Bewusstsein für den negativen Einfluss von Alkohol auf Erwachsene verbreitet. Gemäßigter Alkoholgenuss kann bekanntlich auch einen positiven Effekt auf die Gesundheit haben, und gesunde Menschen, die Alkohol in Maßen trinken, sind gegen Herz-Kreislauf-Erkrankungen leicht geschützt. Das Bewusstsein für die Auswirkungen von Alkohol auf das Ungeborene ist jedoch immer noch sehr begrenzt.

Frühe Schädigung

Alkohol kann den Embryo bereits in den ersten paar Schwangerschaftswochen schädigen, bevor die Frau überhaupt weiß, dass sie schwanger ist. Forschungsversuche an 31.604 schwangeren Frauen zeigten, dass sogar der Konsum von einem oder zwei Gläsern Alkohol pro Tag das Risiko pränataler Wachstumsretardierung erhöht. Manche Ärzte raten Frauen, sich gänzlich des Alkohols zu enthalten. Zigarettenwerbungen enthalten bereits eine Warnung, dass das Rauchen das ungeborene Kind schädigen kann. Es werden Stimmen laut, dass diese Warnung auf Alkoholwerbung ausgedehnt werden sollte. Deswegen ist es deprimierend, wenn sich Geschichten ereignen wie die folgende:

Ich war beim Frisör, und die Frau neben mir hatte eine laute und lebendige Stimme. Ich konnte es nicht verhindern, dass ich ihr Gespräch mithörte. Sie berichtete davon, wie schwer die Geburt ihres ersten Babys gewesen war, da das Baby sehr groß war. ‚Nun', sagte sie, ‚während meiner nächsten Schwangerschaft werde ich rauchen und trinken, und dann wird das Baby sicher kleiner.' Sollte das ein Witz sein?

Kinder mit dem Fetalen-Alkoholsyndrom können unter vielen verschiedenen Symptomen leiden. Fetales-Alkoholsyndrom wird diagnostiziert, wenn während der Schwangerschaft Alkoholmissbrauch vorlag und die Kinder nach der Geburt folgende Merkmale aufweisen:

- Wachstumsschwierigkeiten, die vor der Geburt anfangen und sich nach der Geburt fortsetzen.
- Störungen des Zentralnervensystems, mit Anzeichen von neurologischen und Entwicklungsproblemen und/oder Verhaltensanomalien, die mit einer geistigen Behinderung gekoppelt sind; was man von außen sieht, sind reizbare Babys und hyperaktive Kinder.

Manchmal sind die Gesichtszüge charakteristisch, mit mindestens zwei der folgenden Merkmale:

- Mikrocephalie (ein zu kleiner Kopf)
- Mikrophthalmie (zu kleine Augen) mit zu kurzen Lidspalten
- Schlecht entwickeltes Philtrum (die Rinne zwischen Nase und Mund), dünne Oberlippe und abgeflachtes Maxilla-Profil (Oberkiefer).

Demzufolge sind die Gesichtszüge unterentwickelt. Die Kinder können auch unter anderen angeborenen Anomalien leiden, und oft ist das Herz oder das Skelett betroffen.

Warum kann Alkohol dem ungeborenen Kind derartig schaden? Es tragen hauptsächlich drei Faktoren dazu bei:

- Alkohol breitet sich durch die Körperflüssigkeiten im ganzen Körper der Mutter aus. Je höher die Flüssigkeitskonzentration in einem Bereich des Körpers ist, desto höher die Alkoholkonzentration. Das fetale Gehirn enthält einen relativ hohen Wasseranteil, daher ist die Alkoholkonzentration dort auch relativ hoch.
- Das Blut aus der mütterlichen Plazenta fließt direkt zum fetalen Gehirn und lässt dabei andere Organe aus, dadurch ist die Konzentration des fetalen Bluts dieselbe wie die des mütterlichen.
- Während der fetalen Entwicklung ist die Leber noch nicht in der Lage, Enzyme zu produzieren, um den Alkohol abzubauen.

Wenn also eine Schwangere trinkt, hat der Fötus denselben Alkoholpegel im Blut wie die Mutter, und zwar in besonders hoher Konzentration im Gehirn, das sich erst noch entwickelt. Da der Fötus noch weniger in der Lage ist als die Mutter, den Alkohol abzubauen, wird das Wachstum neuer Zellen im Gehirn dadurch beeinträchtigt.

Nicht nur Alkoholmissbrauch während der Schwangerschaft stellt eine Belastung für das ungeborene Kind dar. Auch andere Drogen, die in diesen Monaten konsumiert werden, verursachen Störungen.

Bei Kindern, deren Mütter in der Schwangerschaft regelmäßig Alkohol getrunken haben, werden zwei Diagnosevarianten unterschieden: Fetales-Alkoholsyndrom (FAS) bezeichnet ausschließlich die Kinder, die über alle Merkmale dieser Behinderung verfügen. Fetaler-Alkoholeffekt (FAE) trifft auf die Kinder zu, die lediglich über einige der Symptome verfügen; diese Kinder sind äußerlich nicht leicht zu erkennen.

Beispiel: David

David hat das klassische Fetale-Alkoholsyndrom. Er ist das jüngste von vier Kindern. Seine Mutter war bei seiner Geburt 25 Jahre alt. Beide Eltern hatten ein Alkoholproblem, und die Mutter war bei der Geburt betrunken. David war klein bei seiner Geburt, er wog nur 2,29 kg. Er begann zu zittern, da er unter Entzugserscheinungen litt. Er kam zu Pflegeeltern, als er 10 Tage alt war. Er wurde wegen der frühen Sprachentwicklung für ein normal entwickeltes Kind gehalten und wurde im Alter von 16 Monaten von einer anderen Familie adoptiert. Er konnte mit 2 Jahren laufen und war mit 2,5 sauber. Sein Verhalten wurde schwieriger, als er zwischen 4 und 5 Jahre alt war. Er war sehr unruhig, zeigte mangelnde Konzentrationsfähigkeit und trat sehr leichtsinnig in Kontakt zu Fremden. Er entfernte sich immer wieder von seinen Eltern, ohne Angst zu haben, sich zu verlaufen. Im Alter von 8 Jahren war er bereits auf vier Schulen gewesen, und sowohl seine Adoptiveltern als auch das Jugendamt erkannten, dass man zu Hause nicht mehr mit ihm zurechtkommen konnte. Er wurde Sonderschüler an unserer Internatsschule. Dies war eine schmerzliche Entscheidung für seine Eltern. Es schmerzte seine Adoptivmutter sehr, dass David kein Zeichen von Schüchternheit oder Heimweh zu erkennen gab, als er einmal vorübergehend in eine Pflegefamilie kam.

Mit 8 Jahren ist er nur 1,25 Meter groß und hat einen kleinen Kopf mit den typischen Zügen eines Kindes mit Fetalem-Alkohol-Syndrom. Er ist sehr kurzsichtig und trägt eine dicke Brille. Auf den ersten Blick wirkt er wie ein offenes, lebendiges Kind. Es stell-

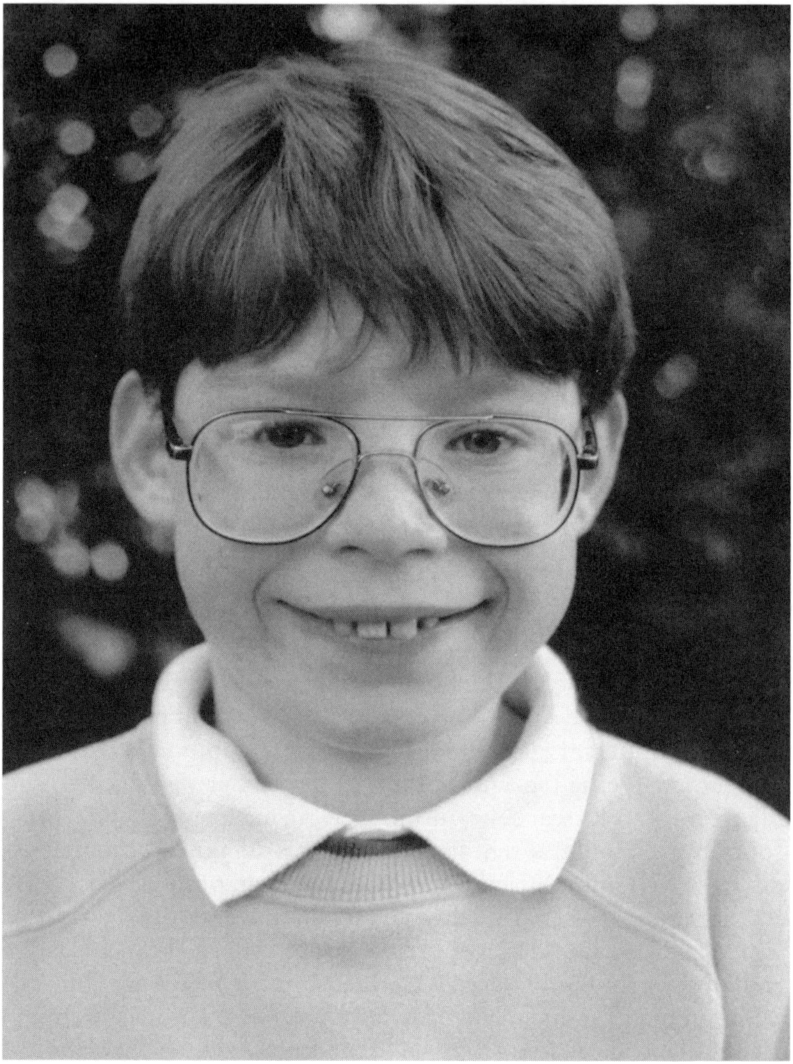

David, 10 Jahre alt

te sich jedoch bald heraus, was für eine Herausforderung sich für David und seine Erzieher hinter dieser Maske verbarg. Er war unruhig, launisch, aggressiv und konnte deswegen nicht an der kleinen Therapieklasse mit einem intensiven Lehrer-Schüler-Verhältnis teilnehmen.

Davids körperliches und seelisches Wachstum ist verzögert. Es scheint ihm besonders schwer zu fallen, aus vergangenen Erfahrungen zu lernen: Er kann immer wieder den gleichen Fehler machen. Sein schlechtes Gedächtnis, ein häufiges Problem für diese Kinder, ist zum Teil die Ursache dieses Problems. Wenn er etwas tut, das moralisch falsch ist, wird er es wieder tun, auch wenn er darauf angesprochen wurde, da er den Zusammenhang nicht verinnerlicht hat.

David hat viele Verhaltensprobleme, die für Kinder mit dieser Behinderung charakteristisch sind. Ein Kennzeichen dafür ist der Mangel an Schüchternheit Fremden gegenüber. Als David neu in unsere Schule kam, fiel es ihm schwer, emotionale Bande zu knüpfen. Er war ruhelos, konnte sich schlecht konzentrieren und war manchmal besonders destruktiv. Es war klar, dass er innerlich nicht ausgeglichen war. Er lief plötzlich weg und versteckte sich, oder er plapperte ohne Unterlass und stellte ständig Fragen. Lesen konnte er ziemlich gut, aber Mathematik stellte ein Problem dar. Er war eindeutig zu einem gewissen Grad geistig behindert.

David muss seine Umgebung imitieren. Er braucht eigentlich eine sehr intensive Betreuung, um sich beschützt und sicher zu fühlen. Es scheint fast, als ob wir an Davids Stelle einer Pseudo-Persönlichkeit begegnen, die der Alkohol geschaffen hat. (Menschen, die leicht angetrunken sind, sind ebenfalls aufgeschlossen, erscheinen gesellig und freundlich.) In Wahrheit ist David ein ängstlicher Junge, der Angst hat, allein gelassen zu werden.

Valerie Sinason verwendet den Begriff ‚das behinderte Lächeln' [„the handicapped smile"] in ihrem Buch *Geistige Behinderung und die Grundlagen menschlichen Seins* (1992). Sie ist Psychotherapeutin und arbeitet mit Kindern mit mittleren bis schweren geistigen Behinderungen. Sie stellte fest, dass viele Kinder das Lächeln als Überlebensstrategie gebrauchen; als eine Art Maske, um dahinter den inneren Schmerz und das Gefühl der Ablehnung, welches sie oft spüren, zu verbergen. Kinder mit Lernbehinderungen begegnen oft Vorbehalten. Das Eis bricht, wenn die Kinder süß sind oder lächeln oder, wie in manchen Fällen, den Clown spielen.

Das Lächeln als Überlebensstrategie traf auf Davids Fall eindeutig zu. Wie viele Traumata trägt er mit sich herum? Wir können uns kein schwereres Maß der Vernachlässigung während der Schwangerschaft vorstellen als das der ständigen Trunkenheit seiner Mutter. Im Alter von 16 Monaten musste er seine Pflegeeltern verlassen, und das Leben mit seinen Adoptiveltern war nicht so einfach. Er war nicht das intelligente Kind, das sie erwartet hatten, das Leben mit ihm war schwierig, und er wurde von mehreren Schulen verwiesen, bevor er 8 Jahre alt war. Wie wird ein kleines Kind mit all dem fertig? Ein Lächeln kann ein ziemlich guter Schutz sein – gerade für geistig behinderte Kinder, die sowieso häufig Ablehnung erfahren.

Ein Kunsttherapeut arbeitete intensiv mit David. Anfangs gelang es ihm nur für 10 Minuten, ein paar schnelle Pinselstriche zu malen. Er konnte sich nicht auf ein Bild konzentrieren; er hatte keine Phantasie, keine inneren Bilder. Jetzt, zwei Jahre später, kann er sich während einer Kunsttherapie-Sitzung 40 Minuten lang konzentrieren und phantasievolle Bilder schaffen. Er malte vor kurzem einen wunderschönen Indianer. Diese Therapie ermöglichte es ihm, sein turbulentes Gefühlsleben ein wenig ins Gleichgewicht zu bringen und sich auf seine wahre Persönlichkeit zu konzentrieren.

Vor nicht allzu langer Zeit sah ich ihm bei einem Theaterstück zu, das seine Klasse aufführte. Er spielte Kolumbus, der nach Amerika segelte. All seine Männer meuterten und weigerten sich, noch weiter zu segeln. Jetzt musste Kolumbus streng sein und seine Mannschaft zur Ordnung rufen. David spielte gut; wie sehr ihn doch solch ein Theaterstück in seinem Selbstwertgefühl bestärkt.

Schließlich unterhielt ich mich mit ihm, um herauszufinden, was er davon hielt, dass seine Geschichte in mein Buch aufgenommen würde. Er fand die Idee großartig. Ich bat ihn auch, mir von seinem jetzigen Leben zu erzählen. Er war gerade 16 geworden und lebte noch in der gleichen Schule.

„Das Leben ist jetzt toll. Ich möchte später eigenständig leben, in Key Housing [schottische Organisation für betreutes Wohnen], muss aber sehen, was meine Eltern denken. Ich bin schon selbstständig, gehe alleine zur Schule, gehe im Ort einkaufen und leihe mir CDs aus der Bibliothek aus. Ich gehe noch nicht alleine in die Stadt. Geld und Zeit ist immer noch schwierig. Mag Mathe

nicht, hasse es. Liebe Englisch; es macht mir Spaß, Städtenamen in eine alphabetische Reihenfolge zu bringen. Wie Arbeit am Computer, das ist gut. Frühstückmachen (für 20 Leute!) war am Anfang schwierig, aber jetzt klappt es gut. Mache am Montag und am Freitag alleine Frühstück, koche Haferbrei, stelle Aufstrich auf den Tisch, wasche die Töpfe ab, Milch in die Kannen, Porridge in den Ofen. Komme gut mit anderen Leuten aus, manchmal schwierig mit einem anderen Jugendlichen, aber wir versöhnen uns wieder."

Ich fragte ihn nach seinen Tabletten. (David bekam Carbamazepin (Tegretol), ein Anti-Epileptikum, das die Stimmung stabilisieren kann. Dadurch war er plötzlichen Stimmungsschwankungen nicht mehr so ausgeliefert.) – Wir hatten vor sechs Monaten versucht, sie abzusetzen, und ich wollte wissen, was er darüber dachte:

„Ich nehme immer noch Tabletten, das ist, weil es mir helfen soll, mich zu beruhigen. Als ich für eine Weile keine nahm, war ich nicht ich selbst, ganz außer mir. Es geht mir jetzt viel besser. Wir sammeln jetzt in unserer Klasse Geld für die Obdachlosen. Wir haben uns zum Musizieren, Tanzen, Singen und Geschichtenerzählen getroffen und werden noch weitere Feste machen.

Ich versuche, meinen Bruder und meine Schwestern wieder zu sehen, aber ich bin nicht sicher, ob es klappt. Ich weiß nicht, ob sie wissen, dass es mich gibt. Ich habe ein Foto von ihnen. Ich bin nicht drauf. Ich habe meinen Vater und meine Mutter nie gesehen [er macht deutlich, dass er hier seinen biologischen Vater und seine biologische Mutter meint].

Zu Hause ist alles in Ordnung, mit meinem Vater und meiner Mutter [seine Adoptiveltern]".

Es steht fest, dass sich David sehr gut entwickelt hat. Er unternimmt Schritte in Richtung Unabhängigkeit, er meistert neue Aufgaben, wie Frühstück für eine große Gruppe zu machen, was nicht einfach ist, und er macht sich Sorgen um Menschen, die schlechter dran sind als er.

Der Wunsch, seine Herkunftsfamilie kennen zu lernen, geht von ihm aus, und es ist ein heikles Thema. Aber nun ist er stark genug, es anzugehen.

Als uns klar wurde, wie ausgeprägt Davids Behinderung war, schufen wir in einem ersten und sehr wichtigen Schritt eine schützende Hülle um ihn herum und versuchten ihn für sein negatives Verhalten nicht verantwortlich zu machen. (Sie können sich vorstellen, wie viele kritische Bemerkungen ein solch hyperaktives, unkontrolliertes Kind pro Tag über sich ergehen lassen muss.) Es war von großer Bedeutung, dass alle Betreuer gut kooperierten. Es war sehr wichtig, dass David ein erfahrener Betreuer zur Seite stand. Wenn es einem Betreuer zu viel wurde, übernahm ein Kollege stillschweigend. Dieser Schutz wurde auch nach außen signalisiert – wir befestigten einen Vorhang um sein Bett und schufen so einen wirklich heimeligen Schlafplatz.

Wir erzählten David viele Märchen und später mythologische Geschichten, um seiner Phantasie Nahrung zu geben. Anfangs war es ihm nicht möglich, die Schule zu besuchen, aber er wurde in Form eines individualisierten Programms unterrichtet.

Zu Beginn brauchte er eine tägliche Massage, um das Gefühl von Schutz und Frieden zu stärken. Es wurden verschiedene ätherische Öle benutzt – Johanniskrautöl oder Lavendelöl. Reiten stellte sich als äußerst nützliche Therapie heraus, um Kontrolle auf seinen Körper auszuüben und sein Gleichgewichtsgefühl zu verbessern. Während der Eurythmie-Therapie (eine Form von Therapie durch Bewegung) stimulierten wir seine Koordinations- und Konzentrationsfähigkeit. All diese intensiven therapeutischen Aktivitäten halfen ihm, sich auf seinen individuellen Entwicklungsprozess einzulassen. Langsam konnte er in seine Klasse integriert werden. Ich habe bereits erwähnt, dass seine Lesefähigkeit besser ist als sein mathematisches Verständnis. Dies ist typisch für Kinder mit Fetalem-Alkoholsyndrom und hängt wahrscheinlich mit ihrer schlechten Koordinationsfähigkeit zusammen.

Der wichtigste Schritt war schließlich, Davids wachsende Fähigkeit, eine emotionale Beziehung zu seinen Betreuern und seinen Adoptiveltern aufzubauen. Seine Mutter erzählte mir, dass er eines Tages, als er wieder ins Internat fahren musste, eine Botschaft auf dem beschlagenen Spiegel im Bad hinterließ: ‚Ich liebe dich Mama.' Am wichtigsten war Davids Mut, an seinen Problemen zu arbeiten.

Welche innere Einstellung brauchen wir, um erfolgreich mit einem Kind mit Fetalem-Alkoholsyndrom zu arbeiten? Ein solches Kind erfordert Offenheit, die Chance, jeden Tag von vorne anzufangen, die Fehler von gestern hinter sich zu lassen und offen angenommen zu werden – eine echte Übung im Vergeben. Ältere Kinder brauchen feste, klare Strukturen und die Notwendigkeit, sich mit den Konsequenzen ihrer Taten auseinander zu setzen.

Besonders die Entwicklungs- und Verhaltensprobleme dieser Behinderung stellen ein großes Hindernis auf dem Weg in die Selbstständigkeit dar. Jemand beschrieb es einst folgendermaßen: ‚Mit jemandem mit Fetalem-Alkohol-Syndrom zusammenzuleben hat viele Ähnlichkeiten damit, mit einem Säufer zu leben. Manchmal ist es ein guter Säufer, manchmal ein böser Säufer, aber es ist dennoch ein Säufer.'

Kinder mit Fetalem-Alkoholeffekt

Das Verhalten mancher Kinder stellt eine Herausforderung für jeden Betreuer dar. Das sind v. a. Kinder, die manipulativ, launisch und gelegentlich aggressiv sind. Sie kommen oft aus zerrütteten Verhältnissen, wo exzessiver Alkoholmissbrauch durch die Mutter ein echtes Problem darstellt. Oft haben diese Kinder leichte Merkmale des Fetalen-Alkoholsyndroms. Da die Symptome dieser Behinderung nicht sehr ausgeprägt sind und die Kinder fast normal wirken, ist es für die Betreuer und Lehrer wichtig, zu erfahren, dass diese Kinder unter dem Fetalen-Alkohol*effekt* leiden. Das erklärt dann, warum ihnen Fortschritte nicht so leicht gelingen und sie immer und immer wieder denselben Fehler machen. Es hilft allen, realistischere Erwartungen an diese Kinder und Jugendlichen zu haben.

Alkoholkonsum bei Vätern

Welche Folgen entstehen aber für den Fötus, wenn der Vater Alkoholiker ist? Langdon Down beschäftigte sich mit dem Zusammenhang zwischen väterlichem Alkoholmissbrauch und eventuellen Entwicklungsproblemen beim Fötus (Down 1990). Er beschrieb eine Gegend, in der Männer als Minenarbeiter weit weg von zu Hause arbeiteten. Während ihres Urlaubs fuhren sie nach Hause und waren meistens betrunken. Daher wurden die meisten Kinder gezeugt, als ihr Vater betrunken war. Behinderungen waren in dieser Gegend ziemlich verbreitet.

Bylander (1960) fand heraus, dass Kinder von alkoholabhängigen Männern einem erhöhten Risiko für psychische Probleme ausgesetzt sind; sie leiden oft an Bauchschmerzen (ohne körperliche Ursachen) und an Depressionen. Sie sind in der Schule weniger erfolgreich, auch wenn sie dieselben intellektuellen Fähigkeiten haben wie andere Kinder.

Andere Forscher kamen zu ähnlichen Ergebnissen. Es ist sehr wahrscheinlich, dass diese Probleme auch damit zu tun haben, dass die Kinder mit einem alkoholabhängigen Vater *aufwachsen.* Es ist noch nicht bekannt, wie sich Alkohol auf den Samen auswirkt.

8 Prader-Willi-Syndrom

Jugendliche mit Prader-Willi-Syndrom kommen immer wieder in eines unserer Internate. Normalerweise sind sie nett, freundlich und aufgeschlossen, leben sich gut ein und scheinen alles zu schätzen. Aber nach ein paar Monaten ändert sich ihr Verhalten; die Jugendlichen können sehr ängstlich oder schwierig werden, sie stehlen Essen oder werden gelegentlich sogar aggressiv. Dann braucht es Zeit, um die tief verwurzelte soziale Verletzlichkeit zu erkennen, die einen solchen Jugendlichen kennzeichnen kann.

Geschichte

Die erste eindeutige Darstellung eines Menschen mit Prader-(Labhart)-Willi-Syndrom findet sich in einem Aufsatz von Langdon Down, der 1864 geschrieben wurde (Down 1990). Er beschrieb eine 21-jährige Frau, die von Geburt an geistig zurückgeblieben war. Sie war 1,33 m groß und wog 85 kg. Bis zum Alter von 7 Jahren war sie von zarter Statur; danach entwickelte sie einen enormen Appetit. Sie behielt zierliche Hände und Füße, aber im Alter von 21 Jahren hatte sie kaum sekundäre Geschlechtsmerkmale und keine Menstruation. Sie war kurzatmig und ihr Gewicht stellte eine ziemliche Belastung für sie dar. Es gelang ihr aber unter strenger Aufsicht, mit einer Diät bestehend aus Fleisch und Wasser abzunehmen.

Die Ärzte Prader und Willi erkannten und beschrieben dieses Syndrom 1956 (O'Brien/Yule 1995). Die geschätzte Anzahl von Menschen mit diesem Syndrom beträgt ungefähr 1 von 15.000 Lebendgeburten. Das Syndrom kommt überall auf der Welt vor, Mädchen und Jungen sind gleichermaßen betroffen. Sie werden nicht groß und sind oft übergewichtig.

Die männlichen Genitalien sind unterentwickelt, und die Frauen menstruieren spät oder gar nicht. Hände und Füße sind klein mit zarten Knochen. Das Gesicht hat eine charakteristische Form mit vorstehender Stirn, schmalen Schläfen, mandelförmigen Augen und einem Mund, der dreieckig aussieht.

Beispiel: Brian

Als Ärztin habe ich mich intensiv mit mehreren jungen Erwachsenen mit Prader-Willi-Syndrom beschäftigt. Einer von ihnen ist Brian. Er ist das dritte Kind gesunder Eltern, seine Mutter ist Krankenschwester und sein Vater Ingenieur. Brians Mutter berichtet, dass sie während der Schwangerschaft kaum fetale Bewegungen spürte; die Geburt musste eingeleitet werden und die Wehen waren lang. Brian war bei der Geburt schlaff und schrie nur einmal kurz. Er kam zur Beobachtung auf eine spezielle Babystation. Während der ersten sechs Wochen war er so verschlafen, dass er überhaupt nicht weinte. Es war problematisch, ihn zu füttern. In den ersten paar Tagen versuchte die Mutter, ihn zu stillen, aber er konnte nicht saugen. Schließlich musste er vier Monate lang dazu gezwungen werden, aus der Flasche zu trinken. Nachts musste er geweckt werden, damit man ihn füttern konnte. Während seines ersten Lebensjahres nahm er sehr langsam an Gewicht zu.

Brians motorische Entwicklung verzögerte sich, und er fing erst mit 2 Jahren an zu laufen. Ungefähr im Alter von 3 Jahren veränderte sich sein Appetit plötzlich, und er aß so gut wie alles. Er hatte Glück, dass das Prader-Willi-Syndrom früh erkannt wurde, so dass ihm eine gesunde, aber strenge Diät auferlegt werden konnte. Brian lernte, mit der Diät zu leben. Erst im Alter von 5 Jahren war er trocken. Er erhielt aufgrund seiner undeutlichen Sprechweise eine Sprachtherapie. In der Schule kam er mit etwas Nachhilfe ziemlich gut zurecht. Der Schulpsychologe machte den Eltern klar, dass ihr Kind sehr begrenzte emotionale Fähigkeiten hatte. Brian lernte lesen, aber Mathematik machte ihm Schwierigkeiten. Er blieb sozial etwas isoliert, wahrscheinlich, weil er unnachgiebig und manchmal auch aggressiv sein konnte. Gelegentlich kam das auch zu Hause vor. Sein Vater war stark genug, um damit zurechtzukommen.

Brian kam mit 17 in unsere Schule. Wir lernten einen freundlichen Jugendlichen mit leiser Stimme und einer normalen Haltung kennen. Sein auffälligstes Merkmal war seine Ängstlichkeit. In unserem Umfeld kam er gut zurecht, und es konnte ihm mehr Selbstständigkeit zugestanden werden. So durfte er auch seine Diät eigenständig durchführen. Allerdings nahm er allmählich an Gewicht zu, so dass diesbezüglich doch wieder einiges geändert wurde.

Plötzlich bekam Brian Ausbrüche, bei denen zwei männliche Betreuer erforderlich waren, um ihn daran zu hindern, andere Schüler zu verletzen. Er war aber nicht imstande, zu erkennen, dass er durch seine Ausbrüche das Einschreiten der Betreuer erst notwendig machte und beschwerte sich immer lauthals über die Behandlung, die ihm widerfuhr und seiner Ansicht nach unfair war. Er bekam sehr schnell blaue Flecken (wie alle Menschen mit Prader-Willi-Syndrom); das passierte sogar dann, wenn er am Arm festgehalten wurde.

Es war schwierig für Brian, echtes Einfühlungsvermögen für einen anderen Menschen zu entwickeln und nicht nur alles aus seiner eigenen Sicht zu sehen. Diese Tatsache machte soziale Interaktion schwer, da er unbewusst versuchte, die Welt und seine Umgebung ausschließlich nach seinem Verständnis zu formen.

Deswegen trafen wir die Entscheidung, sein Leben ganz klar zu strukturieren und auf sein unangenehmes Verhalten mit strengen Konsequenzen zu reagieren (Verlust bestimmter Privilegien). Es wurde ihm klargemacht, dass wir dies nur taten, um ihm zu helfen.

Es war erstaunlich zu beobachten, wie Brian reagierte. Die angenehme, interessierte und aufgeschlossene Persönlichkeit wurde wieder sichtbar. Diese neuen, klaren Regeln gaben ihm die Chance, sein wahres Potenzial zu zeigen. Leider mussten wir den gleichen Prozess ein paar Mal wiederholen und die Grenzen, innerhalb derer sich Brian entspannen konnte, jedes Mal verstärken. Um das Bild von Brian zu vervollständigen, hier einige Bemerkungen seiner Eltern:

„Er ist nicht fähig, ein eigenständiges Leben zu führen. Er muss streng überwacht werden, um sein Essverhalten zu kontrollieren. Brian kann sich nicht selbst beschäftigen, da er keine Bücher liest, Spiele spielt oder fernsieht. Er möchte, dass man alles für ihn organisiert und ihn überall hinfährt. Er hat insgesamt eine schwache Muskulatur, und das bedeutet, dass er es nicht immer rechtzeitig zur Toilette schafft.

Brian hat immer noch kein Verständnis für Zahlen, deshalb kann er nicht mit Geld umgehen. Man kann nicht mit ihm diskutieren; wenn man es versucht, führt es unvermeidlich zu Ausbrüchen. Seine Konversation bleibt immer oberflächlich, daher kann man sich nicht länger mit ihm unterhalten. Er spricht aber gut und flüssig, wenn er Menschen neu kennen lernt, was irreführen kann, wenn man ihm nur kurz begegnet. Er ist sehr unsicher und braucht ein strukturiertes Programm. Daraus folgt, dass er nicht gut auf eine plötzliche Veränderung seiner Routine reagiert. Er ist äußerst unreif, eher wie ein 7-Jähriger. Er interessiert sich nicht für Sex oder Mädchen. Um seine Temperamentsausbrüche unter Kontrolle zu halten, nimmt er jetzt Medikamente."

Beispiel: Hans

Hans' Geschichte zeigt eine andere Seite des Prader-Willi-Syndroms. Bei unserer ersten Begegnung war es sofort klar, dass etwas nicht stimmte, mit einem Gewicht von 110 kg bei einer Größe von 1,60 m. Wegen seines Gewichts läuft er langsam. Er hat Asthma und muss seinen Inhalator benutzen. Abgesehen davon ist er ein aktiver Kerl mit vielen Hobbys und Fähigkeiten. Er ist ein exzellenter Weber, liebt die Stickerei und rief einen Schachclub ins Leben. Er spricht gern und viel, aber bemerkt nicht, dass seine Art zu sprechen andere irritieren kann.

Alles lief gut, bis Hans 21 Jahre alt wurde. Er war der fähigste Trainee in einem Trainingscenter für junge Erwachsene, aber auch der komplizierteste. Er brauchte eine sehr klare und feste tägliche Struktur, dennoch konnten ihm diese Grenzen zu eng werden; dann sprach er von Freiheit und Unabhängigkeit – eine normale Reaktion für einen jungen Mann seines Alters und seines intellektuellen Entwicklungsstandes. Dann konnte er die vorgegebenen Beschränkungen nicht mehr akzeptieren und wurde depressiv.

Schließlich musste er in die örtliche psychiatrische Station für Menschen mit akuter geistiger Retardierung und Verhaltensproblemen eingewiesen werden. Bei seiner Einweisung wog Hans 80 kg, doch sein Gewicht stieg bald auf über 100 kg an, und er wurde noch depressiver.

Die Mitarbeiter begannen erst langsam, seine wirklichen Probleme wahrzunehmen, seine Einsamkeit und seine soziale Ungeschicklichkeit zu erkennen. Ich nahm an einem interdisziplinären Fachtreffen teil, bei dem Hans anwesend war, und war schockiert darüber, dass ihm die Konsequenzen der bei ihm gestellten Diagnose überhaupt nicht klar waren.

Als eine Sprachtherapeutin Hans' Sprache und Verständnis testete, stellte sie fest, dass er keine Verneinungen verstand. Beispielsweise der Satz „Das Kind rennt nicht" wurde von ihm als „Das Kind läuft schnell" verstanden. Er brauchte auch viel Zeit, um Zusammenhänge zu begreifen. Dies konnte der Grund für seine aggressive Frage „Warum?" sein, wenn ihm eine Beschränkung auferlegt wurde.

Diese neuen Erkenntnisse halfen schließlich auch den Betreuern im Umgang mit Hans. Wir hatten bislang Verbote ausgesprochen: „Du darfst nicht mehr als zwei Scheiben Brot essen." „Du kannst nur ein Stück Kuchen essen, wenn du dir kein Brot nimmst." „Nein, du kannst nicht alleine zum Einkaufen gehen." Von da an mussten wir aber Verbote als positive Aussagesätze formulieren – „Du kannst zwei Scheiben Brot essen", „Morgen kannst du einkaufen gehen".

Inzwischen hat Hans einen neuen Platz zum Leben gefunden, wo ihm durch Einsicht und Erfahrung Struktur und Freiheit geboten werden können. Er drückte es so aus: ‚Ich werde dort nicht als Syndrom gesehen, sondern wie ein Mensch behandelt.' Die Zukunft ist nun viel versprechender für Hans.

Körperliche Merkmale, Verhalten und Entwicklung

Diese beiden Lebensgeschichten sind sehr aufschlussreich für das Verständnis des Prader-Willi-Syndroms. Eine Möglichkeit, das Leben der Menschen mit dieser Behinderung besser zu verstehen, ist, sich den Kontrast zwischen dem schweren, behäbigen Körper und den nervösen Augen anzusehen, die alles registrieren. Diese Menschen kennen die tägliche Routine jedes Betreuers. Daher leben sie mit einer ausgeprägten Polarität: Der Körper ist massiv, langsam und schläfrig, während sich ihr ganzes Bewusstsein und ihre gesamte Wahrnehmung auf die Außenwelt konzentrieren. Die flinken Finger, die wachen Augen und das unentwegte Zupfen an der Haut scheinen der Versuch zu sein, ein Körperbewusstsein zu schaffen.

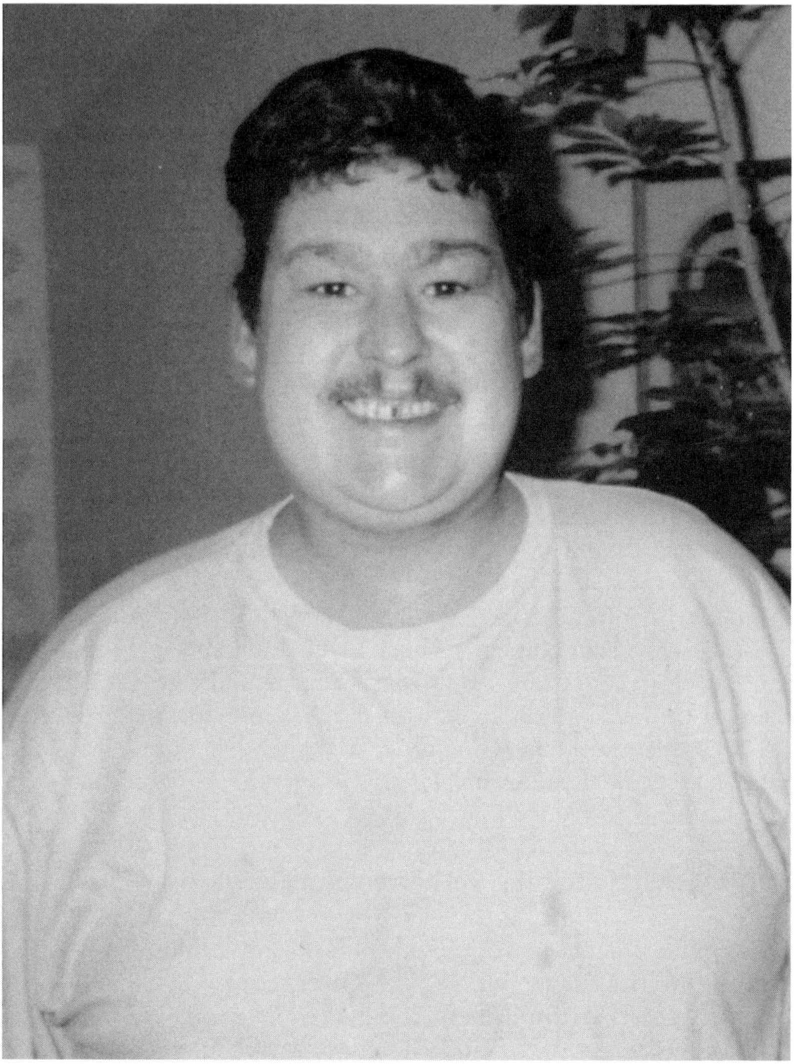

Hans, 22 Jahre alt

Schläfrigkeit tagsüber ist ein Symptom, das die Dominanz der (unbewussten) Stoffwechselprozesse anzeigt. Wenn das Gewicht kontinuierlich ansteigt, beginnt eine vegetative Lebensweise zu dominieren, und körperliche Probleme nehmen überhand – hoher Blutdruck, Herz-Kreislauf-Symptome und Diabetes mellitus sind zu erwarten. Herzversagen ist die häufigste Todesursache. Es scheint, als ob Menschen mit diesem Syndrom regungslos in einen Sumpf hineingesogen würden und sie den Kampf aufgäben. Ihre Lebenserwartung hängt von ihrer Gewichtskontrolle ab und könnte bei normalem Gewicht normal sein.

Ihre weiche Statur ist nicht wohl geformt, und es besteht die Tendenz, dass sich Fett um die Hüfte herum ablagert; Haare und Haut können dünner sein als in der Familie zu erwarten wäre.

Was den Grad der Behinderung von Menschen mit Prader-Willi-Syndrom betrifft, so gibt es eine ganze Bandbreite von Möglichkeiten; es gibt sehr leichte bis hin zu schweren Fällen genauso wie Borderline-Fälle. Die Mehrheit der Betroffenen leidet jedoch an einer mittelschweren Behinderung. Ihre visuellen Fähigkeiten sind oft exzellent. Die Lesefähigkeit ist gut entwickelt, und sie haben einen großen Wortschatz. Puzzles sind oft sehr beliebt. Ich kenne ein paar junge Menschen mit Prader-Willi-Syndrom, die sehr gute Weber sind. Verbale Information verstehen sie jedoch meistens schlecht. Viele haben besondere Schwierigkeiten in Mathematik und beim Schreiben. Ihr Kurzzeitgedächtnis ist nicht sehr gut, es fällt ihnen schwer, eine Zeit lang konzentriert zuzuhören. Die meisten Menschen, die mit ihnen arbeiten, neigen dazu, ihre Fähigkeiten zu überschätzen.

Wissenschaftler versuchen seit Jahren herauszufinden, ob bzw. inwiefern die Gehirne von Menschen mit Prader-Willi-Syndrom anders arbeiten. Es wird vermutet, dass der Hypothalamus betroffen ist, und seine Dysfunktion könnte die Neigung zu übermäßigem Essen, die kleine Statur und den Mangel an sexueller Reife erklären. Diese Hypothese konnte bisher allerdings nicht bestätigt werden.

In den ersten Lebensjahren der Menschen mit Prader-Willi-Syndrom zeichnen sich zwei Phasen ab. Die erste Phase dauert an, bis das Baby zum Kleinkind herangewachsen ist, und ist durch folgende Merkmale gekennzeichnet: Während der Schwangerschaft bewegt sich der Fötus kaum, das Neugeborene ist schlaff (verringerter Muskeltonus), hat Schwierigkeiten mit dem Essen und benötigt daher sehr viel Aufmerksamkeit. Die Entwicklung verzögert sich. Eine drastische Veränderung vollzieht sich plötzlich während des Kleinkindalters und läutet so die zweite Phase ein: Das schlaffe Baby mit den Essschwierigkeiten wird zu einem Kleinkind mit zügellosem Appetit, welches auch Temperamentsausbrüche entwickeln kann. Wenn keine strikte Diät eingeführt und durchgehalten wird, ist mit stetiger Gewichtszunahme zu rechnen.

Bei manchen Kindern mit Prader-Willi-Syndrom müssen Türen zugesperrt werden, und Küchenschränke und Speisekammern sind vor ihnen nicht immer sicher. Der Appetit mancher dieser Kinder kann so extrem sein, dass sie sogar Nicht-Essbares verzehren – egal ob Katzenfutter, getrocknetes Milchpulver oder die Papierabdeckung eines Kuchens. Allen Bemühungen zum Trotz haben sie eine Tendenz zuzunehmen, auch bei einem normalen Essverhalten. Ihr Stoffwechsel verbraucht weniger Kalorien als die Norm – 1000 Kalorien pro Tag reichen aus; für die meisten von uns wäre das eine sehr strenge Diät.

Kinder mit Prader-Willi-Syndrom sind in ihrer motorischen Entwicklung verzögert. Probleme mit der Entwicklung der Grobmotorik, mit der Koordination und mit dem Gleichgewicht bleiben auch im späteren Leben bestehen. Jungen haben zudem unterentwickelte Genitalien.

Ebenfalls verzögert ist die Sprachentwicklung dieser Kinder. Sie sind manchmal schwer zu verstehen, nicht nur wegen ihrer Artikulationsschwierigkeiten, sondern auch wegen des Klangs ihrer Stimme und ihrer speziellen Art, sich auszudrücken.

Die intellektuellen Fähigkeiten können sich relativ gut entwickeln, aber den Betroffenen fehlt die Fähigkeit des abstrakten Denkens. Diese Diskrepanz zwischen intellektueller und emotionaler Entwicklung kann zu enormen Spannungen zwischen Menschen mit Prader-Willi-Syndrom und ihrem Umfeld führen.

Glücklicherweise ist während der frühen Kindesjahre eine Diagnose möglich, so dass sich die Eltern auf die kommende Zeit vorbereiten können. In Brians Fall funktionierte die Diät gut, denn er war nie zu dick, aber seine Verhaltensprobleme konnten nicht verhindert werden. Ungefähr 50 Prozent der Menschen mit Prader-

Willi-Syndrom haben Probleme in diesem Bereich, meistens aggressive Ausbrüche, die oft mit dem Essen zu tun haben. Negative Einstellungen, emotionale Unausgeglichenheit und die Angewohnheit, ständig an ihrer Haut zu zupfen oder zu kratzen, kommen oft vor. (Haben sie einen Mückenstich oder einen anderen kleinen Fleck, so wird meistens so lange an ihm gekratzt und gezupft, bis er kaum mehr heilen kann.)

Richard Fried, ein amerikanischer Arzt, zieht zum Vergleich das Bild eines Menschen heran, der nie aus bestimmten Stadien des Kleinkindalters herausgewachsen ist. Ihr normales, freundliches, aufgeschlossenes Verhalten kann in plötzliche Anfälle von Spannung und Wut umschlagen, die an die Phase erinnern, die jeder 3- bis 4-Jährige durchmachen muss. Die egozentrische Haltung eines 3-Jährigen wird bei Menschen mit Prader-Willi-Syndrom erneut sichtbar (Fried 1996).

Diese Temperamentsausbrüche können aber auch als Ausdruck eines Bedürfnisses verstanden werden, sich selbst kennen zu lernen. Ich bemerkte dies besonders bei einem jungen Mann, der sehr angespannt sein konnte, aber unmittelbar nach einem Temperamentsausbruch in sich ruhte, und es war möglich, ein ziemlich normales Gespräch mit ihm zu führen. Leider war diese Entspannung nur von kurzer Dauer. Vielleicht meinte Hans dasselbe, als er sagte „Ich erfahre das Prader-Willi-Syndrom so, als ob ich über der Erde schweben würde."

Menschen mit Prader-Willi-Syndrom haben, wie gezeigt, keinen gut entwickelten sozialen Instinkt. Sie sind sich der Absichten anderer nicht ohne weiteres bewusst, da ihr eigenes Gefühlsleben nicht genügend entwickelt ist, und sie können in einem Leben voller Diäten, Irritationen und Obsessionen gefangen sein. Dennoch wenden sie sich mit Begeisterung künstlerischen Tätigkeiten zu. Eltern oder Mitarbeiter sollten im Umgang mit den behinderten Menschen eine positive Herangehensweise mit viel Humor und sorgfältigem Vermeiden eigener Reizbarkeit haben.

Auch Schlafapnoe (während des Schlafs hört der Betroffene kurzzeitig auf zu atmen) und flacher Atem sind für Menschen mit Prader-Willi-Syndrom charakteristisch. Die Phase, in der sie träumen, die so genannte REM-Phase [Stadium des Schlafes, charakterisiert durch rasche, ruckartige Augenbewegungen (rapid eye movements)], scheint anders zu sein als bei nicht behinderten Menschen. Die meisten von uns haben regelmäßige Traumschlaf-Phasen, ungefähr fünfmal pro Nacht. Bei Menschen mit Prader-Willi-Syndrom wird der Traumschlaf jedoch oft unterbrochen, was viele kurze Phasen von REM-Schlaf zur Folge hat. Nach einer Gewichtsabnahme verbessert sich die Schlafapnoe, aber nicht die Störungen im REM-Schlaf. Wissenschaftler glauben, dass der Hypothalamus nicht optimal funktioniert; dieses Organ regelt nämlich die Schlaf- und Wach-Phasen.

Betreuung und therapeutische Maßnahmen

Wie können wir diesen Menschen im täglichen Leben helfen? Die *Prader-Willi Association* empfiehlt eine klare Struktur mit strengen Richtlinien und für den Betroffenen verständlichen Konsequenzen bei Nichteinhaltung. Die Koordinatorin für Großbritannien sagte einmal: ‚Ich kenne eine einzige Person mit Prader-Willi-Syndrom in England, die ihre Diät selbstständig durchhalten kann.'

Ich bin ebenfalls der Meinung, dass klare Strukturen und strenge Richtlinien notwendig sind. Dies in die Tat umzusetzen ist aber eine enorme Aufgabe für die Betreuer. Bei einem 5-Jährigen ist es nicht allzu schwierig; für einen 15-jährigen Teenager, der entwicklungsverzögert ist, ist es noch akzeptabel. Aber junge Erwachsene wollen ihr Leben selbst bestimmen. Sie akzeptieren Einschränkungen ihrer Freiheit kaum und beschuldigen dann ihre Betreuer, sie unfair zu behandeln. Das Prader-Willi-Syndrom macht das Leben nicht gerade leicht. Sehr häufig tritt das Syndrom in den Vordergrund und kann die positiven Aspekte der Persönlichkeit überlagern. Es ist eine enorme Anstrengung erforderlich, um diesen Menschen dabei zu helfen, sich einen vernünftigen Lebensstil aufzubauen.

Deswegen ist es ermutigend, Menschen mit diesem Syndrom zu treffen, die es geschafft haben, damit zu leben. *Inge,* die das Prader-Willi-Syndrom hat, hat gelernt, ihr Gewicht unter Kontrolle zu halten, und konzentriert sich darauf, Rezepte zu sammeln. Obwohl sie ihr Leben weitgehend selbst bestimmt, fühlt sie sich manchmal eingeengt und ist besessen von allem, was mit Essen zu tun hat. Zum Glück ist sie in der Lage, dies zu erkennen, und mitzuteilen, wie die homöopathischen Mittel dagegen helfen.

Paul, ein anderer junger Mensch, den ich kenne, schafft es mit einiger Hilfe, sein Gewicht zu halten. Im Alter von 14 Jahren kam er ins Krankenhaus, weil er übergewichtig war. Inzwischen hat sich sein Gewicht weitgehend normalisiert, es muss jedoch regelmäßig kontrolliert werden. Er ist gut in die therapeutische Gemeinschaft integriert; er ist vielleicht ein wenig sanfter als die anderen Jugendlichen in seinem Alter. Sein Syndrom ist in den Hintergrund gerückt, und er wirkt wie ein junger Mann mit mittleren Lernschwierigkeiten.

9 Angelman-Syndrom

Der Name ‚Angelman-Syndrom' kommt nicht davon, dass die Kinder so engelhaft (engl. „angel") aussehen, sondern von dem Namen des Arztes, Harry Angelman, der Erste, der dieses Syndrom beschrieben hat.

Geschichte

1965 hatte Angelman auf seiner Station drei behinderte Kinder, die zwar unterschiedliche Probleme, aber auch viele ähnliche Symptome hatten. Die Kinder sprachen nicht und hatten ein starres Lächeln auf den Lippen. Sie bewegten sich ruckartig, hatten schwere Behinderungen und litten unter unterschiedlichen Formen von Epilepsie. Er nannte dies das ‚Happy Puppet Syndrome' [‚happy puppet' bedeutet in etwa „glückliche Marionette"; Anm. d. Übers.], ein Begriff, der heute nicht mehr verwendet wird, aber den ersten Eindruck anschaulich beschreibt, den diese Kinder machen können (O'Brien/Yule 1995).

Dieses seltene Syndrom kommt lediglich bei 1 von 20.000 Kindern vor. In unseren Schulen haben wir 5 Schüler mit dieser Erkrankung, das sind 5 Prozent unserer gesamten Schülerzahl.

Beispiel: John

John und ich wohnten viele Jahre lang im gleichen Haus. Er ist ein charmanter junger Mann. Verglichen mit den anderen Kindern mit Angelman-Syndrom besitzt er viele Fähigkeiten, aber abgesehen davon sind seine Lebensgeschichte und sein Verhalten für diese Behinderung charakteristisch. Ich bat seine Mutter, mir mehr über seine frühen Lebensjahre zu erzählen, und dies sind Auszüge aus ihrem Brief:

„Als John geboren wurde, konnte er nicht gestillt werden, da er Schwierigkeiten hatte, die Brust anzunehmen. Es fiel ihm schwer, aus der Flasche zu trinken und so dauerte es über eine Stunde, ihn zu füttern. Meistens erbrach er sich bald darauf. Trotz der Krankheit war er ein wunderschönes Baby, das in guten Momenten lächelte. Mit 6 Monaten begann er, feste Nahrung zu sich zu nehmen. Mit 11 Monaten bat ich die Allgemeinärztin, John zu untersuchen. Sie machte sich keine Sorgen darüber, dass er nicht alleine sitzen konnte, sich immer noch ständig erbrach und nicht trank. Mit 15 Monaten bat ich um eine weitere Untersuchung, denn er nahm nur 15 Gramm pro Woche zu. Der Kinderarzt sagte, manche Babys würden sich erbrechen, um Aufmerksamkeit auf sich zu ziehen…

Mit 17 Monaten wurde John von einem anderen Kinderarzt untersucht, der sagte, dass Johns Entwicklung verzögert wäre – ich war am Boden zerstört. Er schlug Physiotherapie vor, um John zu helfen, alleine laufen zu lernen, und einen Lehrer für manipulative, kognitive Fertigkeiten. Es wurden Untersuchungen durchgeführt, alles schien aber in Ordnung zu sein. Mit 22 Monaten bekam er Medikamente, die verhindern sollten, dass er sich ständig erbricht, ich kam mir vor, als sei ich eine neurotische Mutter. Ich suchte verzweifelt Hilfe, da die Medikamente nicht halfen. Ich nahm eine Plastiktüte voller Lätzchen mit, die noch nass von dem waren, was John am Morgen seines Arzttermins alles erbrochen hatte, und fragte, ob das normal sei. Erst dann wurden wir an einen Chirurgen überwiesen.

Im Alter von 2,5 Jahren wurde endlich eine Fundoplicatio durchgeführt [Magenoperation, die verhindern soll, dass das Essen wieder in die Speiseröhre hochkommt]; seine Übelkeit hörte auf. Wir verbrachten 5 Tage im Krankenhaus.

Im Alter von 2 Jahren und 2 Monaten wurde Johns Schielen korrigiert. Dies brachte einen Krankenhausaufenthalt von 2 Nächten und zahlreiche Besuche beim Orthoptisten [ein Spezialist für Augenbewegung] mit sich. Als John 3,5 Jahre alt war, wurde festgestellt, dass er gelegentlich rechts und links schielte, besonders wenn er müde war, aber dass er beide Augen benutzen konnte.

In der Zwischenzeit ging John regelmäßig zur Physiotherapieund bekam dort Schienen zur besseren Beckenkontrolle und Stiefel, um seine Knöchel zu stützen. Knapp vor seiner Fundoplicatio hatte er angefangen, alleine zu laufen. Wir erhielten Besuch von einem Vorschullehrer, der sagte, wir täten das Richtige, und dass John, egal wie sich die Dinge entwickeln würden, immer unser John bleiben würde. Wir begannen mit der Sauberkeitserziehung, ohne uns je träumen zu lassen, dass John 14 Jahre alt werden würde, bevor wir nachts keine Windeln mehr benutzen mussten.

Schließlich ging er einen Tag pro Woche in eine Krippe. Er war sehr aufgeregt und weinte dauernd, bis er schließlich damit aufhörte und dann spielte, zum Mittagessen am Tisch saß, selbst mit den Händen aß, sitzen blieb, während eine Geschichte vorgelesen wurde, und auf seine Schuhe zeigte. Die Förderung begann, ein Klinischer Psychologe kam einmal pro Woche zu uns nach Hause, und es wurden kleine Ziele gesteckt, beispielsweise, dass John bei jeder Mahlzeit seinen Löffel halten sollte. Als John 3 Jahre alt war, begann der Kinderarzt mit der Befunderhebung, die aus medizinischen und psychologischen Untersuchungen bestand. Johns erster Chromosomentest zeigte nichts Pathologisches an.

Mit 3 Jahren und 5 Monaten kam John ganztags in eine Sonderschule. Er wurde im Minibus gefahren. Edna war seine Busfrau. Als Großmutter in Rente, die eine kleine Schwäche für unseren zarten, kleinen, immer lächelnden John hatte und immer noch hat, hätte sie am liebsten den ganzen Weg zur Schule und zurück seine Hand gehalten.

John war ein sehr aktiver kleiner Junge, auf den man ständig aufpassen musste, damit er nicht zu Schaden kam. Plastiktüten übten eine besondere Faszination auf ihn aus, und er schnappte sich stets eine, leerte sie aus, als ob sein Leben davon abhinge, befühlte und faltete sie und steckte sie schließlich in den Mund. Diese Angewohnheit behielt er bis vor kurzem; erst jetzt hat er gelernt, seinen Drang besser zu kontrollieren.

Wir mussten Johns Bett am Boden befestigen und die Matratze am Gestell festschnüren, so dass er es nicht auseinander nehmen und den Teppich darunter hervorziehen konnte. John nahm seine Vorhänge herunter, seine Vorhangschiene, seine Jalousien, seinen Lampenschirm, die Bilder, die Mobile. Wir mussten hölzerne Fensterläden an seinem Fenster und ein Schloss an seiner Tür anbringen, damit er nachts nicht hinausgehen und sich verletzen konnte. Selbst jetzt ist sein Schlafzimmer ziemlich leer, um zu verhindern, dass er mit Gegenständen herumspielt, da ihn dies vom Schlafen abhält. [Er hat ein normales Zimmer mit Vorhängen.]

Johns älterer Bruder Will war John gegenüber immer sehr tolerant, auch wenn ihn dieser an den Haaren zog, ihn biss und seine Bilder, sein Spielzeug oder seine Modellsachen kaputtmachte. Wir baten unsere Freunde, uns nicht mehr zu besuchen, da wir nicht wollten, dass ihre Kinder gebissen oder geschlagen würden. Wir konnten uns nicht mehr unterhalten, da John all meine Aufmerksamkeit in Beschlag nahm, und auszugehen war oft ein Alptraum. John hatte in einem Kinderwagen, in dem er mit dem Rücken zu mir saß, nur geschrien, deshalb hatten wir einen gekauft, der zu mir zeigte. Aus dieser Position packte er aber vorübergehende Menschen oder ihre Taschen. Wenn wir essen gingen, warf oder stieß er Dinge um und lachte.

Wir probierten ‚friends and family' aus – ein System, bei dem ein Paar ein schwieriges Kind für ein paar Stunden in der Woche zu sich nimmt, wenn sie es einmal kennen gelernt haben (was durchaus ein paar Monate dauerte). In der Praxis funktionierte es nicht, da sie immer in letzter Minute absagten, und es war so unregelmäßig, dass es keine echte Hilfe war. ‚Crossroads care' erwies sich als nützlicher, und John fährt in seinen Ferien immer noch einmal in der Woche mit dem Betreuer, den er gut kennt, mit dem Bus in eine Stadt oder einen Park.

John ging zwei Jahre lang in die Sonderschule, aber er schien keine Fortschritte zu machen, und sein Verhalten wurde immer störender und eine immer größere Herausforderung für den Lehrer. Eines Tages unterhielt ich mich mit meiner früheren Chefin, und zufällig erwähnte sie Botton Village und Camphill. Ich fand Botton und schließlich auch die Camphill-Rudolf-Steiner-Schulen und besorgte mir jeweils einen Prospekt. Die Aberdeen-Schule stieß mir als der Ort ins Auge, an dem die Camphill-Bewegung begonnen hatte, und nach vielen Tränen und Gewissenserforschung machten wir einen informellen Besuch. Sobald wir die Camphill-Anlage betreten hatten, wusste ich, dass dies der richtige Platz für John war, um zu lernen, um sich zu entwickeln und sein Potenzial ausschöpfen zu können. Ich konnte die Fragen des Arztes nicht beantworten [während des Vorgesprächs], ich war emotional so aufgewühlt. John riss der Dame, die uns herumführte, die Brille und das Tuch herunter. Ich dachte nicht, dass wir einen Platz angeboten bekommen würden. Aber nach vielen Gesprächen, Briefen, Untersuchungen und Telefongesprächen fing John in Camphill an, als er 7,5 Jahre alt war. Es war die beste, wenn auch die schwerste Entscheidung, die wir jemals treffen mussten.

Als John 9,5 Jahre alt war, wurde er erneut operiert. Seine Achillessehnen mussten verlängert werden, weil sie so kurz waren, dass er nur auf Zehenspitzen laufen konnte. Seine Unterschenkel waren anschließend wochenlang in Gips, und er musste wieder in seinem großen Kinderwagen sitzen. Er brauchte weitere Physiotherapie und trägt heute noch Stützstiefel, um seine Fersen nach unten zu drücken.

Mit 7,5 Jahren machte John einen weiteren Chromosomentest, und auch dieser lieferte ein normales Ergebnis. Im Alter von fast 13 Jahren suchten wir schließlich einen Genetiker auf, der vermutete, dass John das Angelman-Syndrom haben könnte. Dies bestätigte sich, als John 16 Jahre alt war. Ich wünschte, wir hätten früher eine Diagnose bekommen können, die uns geholfen hätte, Johns Verhalten und seine Gesundheitsprobleme besser zu verstehen.

John wird nächste Woche 17. Es ist schwer, ihn als jungen Mann zu sehen und nicht als einen kleinen Jungen, der immer noch gern schmust. Er kann ungefähr ein Dutzend Worte sagen, nicht immer deutlich, und kann sich normalerweise Menschen verständlich machen, die ihn kennen. Er lächelt beim Gehen und lacht, oft unkontrollierbar, wenn ihn etwas amüsiert. Er strengt sich aber sehr an, diese Anfälle zu kontrollieren.

Er ist generell viel ruhiger, und hilft gerne bei der Hausarbeit. Um sich sicher zu fühlen, braucht er Menschen um sich herum, die ihn kennen. Ansonsten kann sein Verhalten unvorhersehbar sein. Er versteht mehr, als er ausdrücken kann, und er kann sich in andere Menschen hineinversetzen. John macht gerne Puzzles (bis zu 100 Teilen), und er kann jetzt ganz zufrieden irgendwo alleine sitzen und sich darauf konzentrieren. Trotz vielfacher Untersuchungen kämpft er immer noch mit chronischer Verstopfung – er muss täglich Abführmittel zu sich nehmen. Er isst und trinkt jetzt gut und genießt sein Leben in Camphill. Dort wird seine Entwicklung optimal unterstützt. Er verbringt auch gerne seine Ferien zu Hause: Reiten, Auto oder Bus fahren, mit Will herumhängen.“

Dieser Brief von Johns Mutter zeigt viele Probleme der behinderten Kinder und ihrer Familien. Eltern müssen die Arzttermine ertragen und Ärzte, die sagen, es würde alles gut werden. Nicht selten werden Eltern als neurotisch abgestempelt. Es ist ein langer Weg, bis Hilfe gefunden wird, eine Zeit des sozialen Rückzugs und der gemischten Gefühle, wenn das Kind in ein Internat geschickt wird. Diese Eltern müssen unerschöpfliche Liebe und Hingabe in sich selbst finden.

John, 13 Jahre alt

Angelman-Syndrom in der Kindheit

Die Schwangerschaft verläuft im Allgemeinen normal, und bei der Geburt ist nichts ungewöhnlich. Es können lediglich Probleme mit dem Saugen und Schlucken beim Kind auftreten, und manche Babys erbrechen ihre Nahrung. Im Alter zwischen 3 und 6 Monaten sind sie gesellig und lachen viel. Auffällig ist, dass ihnen dabei manchmal die Zunge aus dem Mund hängt. Erst im Alter zwischen 6 und 12 Monaten wird die verlangsamte motorische Entwicklung sichtbar. Manchmal haben diese Kinder Krämpfe.

Eines der auffälligsten Merkmale vieler dieser Kinder ist ihre Unfähigkeit zu sprechen. Als Babys fangen sie nicht an zu brabbeln, und nur wenige können während ihrer Kindheit mehr als ein paar Worte sagen. Forschungen haben ergeben, dass ihre Sprechfähigkeit gestört ist; sie können ihre Mundmuskulatur nicht normal benutzen.

Im Alter zwischen 1 und 3 Jahren

In diesem Alter werden die Probleme auffälliger, und oft findet die Diagnose in diesen Jahren statt. Der Kopf der Kinder ist möglicherweise klein. Es kann zu leichten epileptischen Anfällen kommen. Das EEG zeigt ganz spezielle Störungen. Diese haben nichts mit einer Epilepsie oder den episodischen Lachphasen zu tun; sie sind auch im Schlaf zu sehen. Dieses EEG-Muster kann dabei helfen, bei kleinen Kindern eine Diagnose zu stellen.

In diesem Alter kann das Verhalten der Kinder problematischer werden. Sie sind oft hyperaktiv. Hyperaktivität ist das auffälligste Symptom dieser Behinderung. Die Kinder sind ständig in Bewegung und haben eine kurze Konzentrationsspanne. Babys und Kleinkinder scheinen unendlich aktiv zu sein – sie haben immer ein Spielzeug in der Hand oder im Mund. Die ständige Bewegung kann so ausgeprägt sein, dass das Kind Schwierigkeiten mit sozialer Interaktion hat und ihm die Ruhe fehlt, den Gesichtsausdruck der Menschen wahrzunehmen. Dieses Verhalten lässt die Kinder stärker behindert erscheinen, als sie es wirklich sind. Wie bereits erwähnt, verbessert sich dies mit zunehmendem Alter, und die Kinder können relativ gut zurechtkommen.

Hyperaktivität, kombiniert mit der vorstehenden Zunge und dem Sabbern, verleiht bereits den Kleinkindern ein charakteristisches Aussehen. Schon jetzt neigen sie zu Lachanfällen, besonders wenn sie aufgeregt sind. Eine normale Sprachentwicklung findet nicht statt; sie werden nie richtig sprechen können.

◆ *Im Alter zwischen 3 und 8 Jahren*

Kinder mit Angelman-Syndrom lernen häufig erst während dieser Phase laufen, und wenn sie es tun, dann sind ihre Bewegungen wegen des niedrigen Muskeltonus ruckartig und schwierig. Eine Epilepsie ist in manchen Fällen schwer zu kontrollieren, obwohl die Anfälle selbst nicht schwer sind. Die meisten Kinder werden erst in dieser Altersphase sauber. Einfache Dinge wie Essen und Anziehen können aufgrund der Bewegungsstörungen schwierig sein. Schlafen kann sehr problematisch sein. Die Kinder brauchen oft ein speziell eingerichtetes Zimmer, um für ihre Sicherheit zu garantieren; Vorhänge werden gerne heruntergerissen.

◆ *Ab dem Alter von 8 Jahren*

Die Kinder entwickeln sich auch in diesem Alter weiterhin langsam. Sie können jetzt einfache Tätigkeiten wie Tischdecken, einen Schubkarren schieben etc. erlernen. Sie sind im Allgemeinen gesund und haben eine normale Lebenserwartung. Ihre Epilepsie kann abnehmen und verschwindet manchmal im Alter von 16 Jahren. Das EEG wird normal, allerdings bleibt das typische Lachen. Wenn ich Schülern aus unserer Schule beim Spielen zusehe, höre ich oft, wie manche von ihnen in aufregenden Momenten in Lachanfälle ausbrechen – dies sind die Kinder mit Angelman-Syndrom. Das Lachen kann eine Reaktion auf jegliche Art von Emotion sein, sei es Glück, Spannung oder Furcht.

Diese Kinder sind sehr offen und aufgeschlossen. Sie nehmen gerne Augenkontakt auf, sehen jeden mit ihren blauen Augen an, so dass man sich vorkommt, als würde man in ungeahnte Tiefen stürzen, da man auf keinen Widerstand, kein Zeichen von Antipathie in ihrem Blick stößt. Voller Begeisterung nähern sie sich jedem Besucher, schütteln ihm die Hand und küssen ihn. Der Kuss kann sich allerdings in einen Biss verwandeln und die schüttelnde Hand fängt plötzlich an zu kratzen. Manchmal wurde meine Geduld bis zum Äußersten strapaziert, wenn ein Kind mit Angelman-Syndrom mit einem strahlenden Lächeln auf den Lippen ein unschuldiges Kind an den Haaren zog. Es ist jedoch sinnlos, böse zu werden, da Schimpfen bei diesen Kindern nur weiteres Gelächter hervorruft.

Ihre Fähigkeit, eine Zeichensprache zu benutzen, ist ebenfalls begrenzt. Dennoch können sie überraschend gut verstehen, was um sie herum gesprochen wird. Ein paar der Jugendlichen benutzen ihre eigenen Zeichen oder Symbole, um zu kommunizieren. Das Gedächtnis dieser Kinder ist oft exzellent, besonders, was Gesichter und die räumliche Orientierung betrifft.

Die angeborene Offenheit dieser Kinder kann ein Problem für neue Betreuer darstellen. Nehmen wir zum Beispiel *Maurice* – 17 Jahre alt mit langen, dünnen Gliedmaßen, einem kleinen Kopf, einem offenen Gesichtsausdruck und einem breiten Grinsen. Seit zehn Jahren ist er Heimschüler bei uns. Als ein neuer Betreuer anfing, mit ihm zu arbeiten, begann er Rückschritte in seiner Entwicklung zu machen. Er schrie mehr, machte in die Hose, konnte nicht aufhören zu lachen, konnte seine Aufgaben nicht mehr erledigen und warf Gegenstände durch das Zimmer. Als der Betreuer böse wurde und die Stimme erhob, wurde Maurice noch unruhiger. Der Betreuer verfügte jedoch über eine sehr gute Wahrnehmungsfähigkeit und lernte seine Lektion schnell – etwas, was alle Betreuer, die mit einem Kind mit Angelman-Syndrom arbeiten, können müssen.

Angelman-Kinder erfordern ein ganz bestimmtes Vorgehen im Umgang mit ihnen. Sie sind sehr offen, aufgeschlossen, freundlich und lachen. Geht man aber zu sehr darauf ein, verlieren sie sich und werden zu aufgeregt. Es ist erstaunlich zu beobachten, wie sich ihr Verhalten bessert, wenn man ohne zu viele Emotionen oder Erwartungen auf sie zugeht. Betreuer müssen darauf achten, sich zurückzuhalten, vielleicht sogar Augenkontakt zu vermeiden, da der Augenkontakt ein zu starker Auslöser für die Kinder sein und sie zu stark aufregen kann.

Ein weiterer Aspekt des Angelman-Syndroms ist der schlechte Gleichgewichtssinn – gemeint ist das physische ebenso wie das ‚seelische' Gleichgewicht – bei Kindern mit dieser Behinderung. Sie bewegen sich in der Welt, als ob sie flach wäre, und scheinen sich der

Tiefendimension oder des Raums, in dem sie leben, nicht bewusst zu sein. (Dies könnte im Zusammenhang mit der Unterentwicklung des Corpus callosum stehen, der die rechte und linke Hirnhemisphäre verbindet.) Manche Kinder werden sich ihrer Beschränkungen während der Pubertät stärker bewusst und fühlen sich noch unsicherer, was zu einer weiteren Verschlechterung ihrer Bewegungsfähigkeit und ihres Gleichgewichts führen kann. Dieses schlechte Gleichgewichtsgefühl kann Ängstlichkeit hervorrufen. Bei Maurice, den ich vorher erwähnte, konnten wir beobachten, wie ein physisches Übungsprogramm sein inneres Gleichgewicht erhöhte: Er ging ein paar Mal in der Woche ins Fitnessstudio, um Gleichgewichtsübungen zu machen, und wurde langsam sicherer.

Mut ist sehr wichtig, besonders im Hinblick auf die Bewegungsfähigkeit des behinderten Kindes. Es kann enormen Mut erfordern, einfach nur über einen Baumstamm zu steigen, wenn man zu einem gewissen Grad unter Ataxie leidet. Hinter den offenen, strahlenden Gesichtern verbirgt sich große Ängstlichkeit. Deswegen hilft jede Aktivität, jeder Entwicklungsschritt dem Kind, sicherer zu werden. Zusammenfassend kann über die Symptome des Angelman-Syndroms festgehalten werden: In 100 Prozent der Fälle wurden Entwicklungsverzögerungen und Sprachbehinderungen festgestellt. Die Betroffenen können entweder gar nicht sprechen oder nur minimal. Die rezeptiven und non-verbalen Kommunikationsfertigkeiten sind dabei höher als die verbalen. Außerdem weisen diese Betroffenen Bewegungs- oder Gleichgewichtsstörungen auf (normalerweise Gangataxie und/oder zittrige Bewegung der Gliedmaßen). Menschen mit dieser Behinderung lachen oder lächeln häufig; sie wirken (scheinbar) glücklich. Sie sind aber leicht erregbar, ihre Erregbarkeit äußert sich in häufigen flatternden Handbewegungen, hyperaktivem Verhalten und einer kurzen Konzentrationsspanne.

In 20–80 Prozent sind zudem ein flacher Hinterkopf mit einer Rinne, eine heraushängende Zunge, vorstehender Oberkiefer, breiter Mund sowie häufiges Sabbern und exzessive Kau- und Mundbewegungen zu beobachten. Außerdem treten in manchen Fällen hypopigmentierte (zu wenig Pigment) Haut, Haare und Augen auf. Manche Menschen mit dieser Behinderung haben eine erhobene, gebeugte Armhaltung, besonders beim Gehen, leiden unter Schlafstörungen und sind von Wasser fasziniert (Williams, Angelman et al. 1995, 238).

Neuroanatomie

Im Gehirn gibt es Zentren, die für das Funktionieren der unterschiedlichen Fähigkeiten zuständig sind, beispielsweise für die Sprache. Das Gehirn arbeitet als Ganzes, und andere Teile des Gehirns können ein Problem in einem bestimmten Bereich kompensieren. Es gibt nicht viele Informationen oder Forschungsergebnisse zur Neuroanatomie des Gehirns bei Angelman-Syndrom. Sicher ist aber, dass die Gehirne von Menschen mit Angelman-Syndrom kleiner sind als normalerweise. Deswegen ist auch ihr Kopfumfang oft kleiner als im Durchschnitt. Bei mehr als 80 Prozent der diagnostizierten Fälle sind ein verzögertes, unproportioniertes Wachstum des Kopfumfangs zu vermerken sowie ein anormales EEG. Es wurden auch neurologische Anomalien wie zerebellare Hyperplasie (das Cerebellum ist überentwickelt) und unilaterale temporale Hyperplasie (auf einer Seite überentwickelter Temporallappen) festgestellt. Der Temporallappen bestimmt u. a. Sprache und Sprechvermögen. Weitere Unterschiede schlossen eine reduzierte Myelinisierung (Bildung von Markscheiden um Nervenzellen herum) und ein Dünnerwerden des Corpus callosum ein (der Corpus callosum verbindet die rechte und linke Gehirnhälfte).

Kinder mit Angelman-Syndrom haben oft eine charakteristische Art zu gehen, mit sehr weit ausgebreiteten Armen und Beinen, als ob sich die rechte und linke Körperhälfte nicht in der Mitte treffen würden. Eine Epilepsie tritt bei 90 Prozent der Kinder mit diesem Syndrom auf; eine deutliche Erregbarkeit der Hirnrinde ist typisch.

Betreuung und therapeutische Maßnahmen

Das Studium der neuroanatomischen Strukturen eines Menschen mit Angelman-Syndrom kann uns helfen, Menschen mit dieser Behinderung besser zu verstehen. Dennoch gibt es auch weitere Aspekte, die Verständnis herbeiführen können.

Die Atmung, der Metabolismus, Sekretionen (Schweiß, Fäkalien, Urin etc.), Wachstum, Reifung des Körpers und Reproduktion sind Prozesse, welche die Grundlage normalen Lebens darstellen. Diese Prozesse funktionieren allerdings besser, wenn sie unbewusst ablaufen. Sobald wir uns dieser Körperaktivitäten bewusst werden, fühlen wir uns gestört. (Beispielsweise macht es uns Angst, wenn uns der Atem stockt. Wir müssen eine gewisse Wärme spüren, aber Fieber wirft uns um; Kälte kann uns auch behindern.) Das Studium dieser Prozesse ist ein wichtiger Bestandteil der ‚Heilerziehung'. Sie unterscheiden sich von den physiologischen Prozessen (so wie z.B. der Austausch von Sauerstoff in den Lungen).

Der unbewusste Ablauf dieser Prozesse ist bei Kindern mit Angelman-Syndrom anders, denn bei ihnen behalten sie ihre aktive Präsenz bei und sind dadurch zu dominant. Diese Kinder sind sehr offen für Sinneseindrücke und haben Schwierigkeiten, ihre Wahrnehmungen zu verarbeiten. Somit bleibt die sinnliche Welt für sie fragmentiert und unverarbeitet. Jede Sinnesreizung kann eine unmittelbare Reaktion hervorrufen, das Kind beginnt zu lachen, die Gliedmaßen bewegen sich, und die ausgestreckte Hand kann plötzlich kratzen. Es ist wichtig, zu erkennen, dass das plötzliche negative Verhalten nicht boshaft ist, sondern eine intuitive Schutzfunktion darstellt: Das Kind ist von der Sinneswahrnehmung überwältigt, und es fällt ihm schwer, die Erfahrungen wirklich zu verarbeiten.

Kinder mit dem Angelman-Syndrom machen nur langsame Fortschritte, wichtig ist aber, dass sie überhaupt Fortschritte machen. Im Allgemeinen werden sie weniger hyperaktiv, entspannen sich mit der Zeit und können einfache Fertigkeiten erlernen. Jedes Kind ist einzigartig und verschieden, und das trifft auch auf diese besonderen Kinder zu. Kleine Kinder brauchen ein individualisiertes Programm, das auf ihren spezifischen Bedürfnissen aufbaut.

Die Kinder in unserer Schule sind etwas älter, zwischen 7 und 18, und profitieren von einem vollen Programm an Aktivitäten. Sie erhalten spezielle Massagen mit unterschiedlichen ätherischen Ölen, um ihre Entspannung zu fördern. Für Kinder und Teenager sind Übungen wichtig, um ihr Gleichgewichtsgefühl, die sensorische Integration und die Motorik zu stimulieren. Auf einer Bank balancieren zu lernen, Bälle zu werfen und in bewaldeten Gebieten spazieren zu gehen wird dem Kind helfen, sich sicherer zu bewegen. Physiotherapie kann auch erforderlich sein, und Reittherapie wurde mit relativ großem Erfolg angewandt.

Beim Reiten muss das Kind dem Tier seine Aufmerksamkeit zuwenden, und oft verschwindet die Grimasse von seinem Gesicht, und das Kind kann sich konzentrieren. Reiten ist aus folgenden Gründen sinnvoll: Die Kinder haben eine besondere Anomalie in ihrem Gang, der dazu führt, dass die Bewegungen der Beckenregion, die für eine große Bandbreite von Körperfunktionen essenziell sind, nicht richtig ausgeführt werden. Wenn sich das Pferd bewegt, produziert es diese komplexen Bewegungen und Rhythmen im Sattelbereich, die bei einem normalen Gang produziert werden. Diese Bewegungen können sehr stark und direkt vom Pferd auf den Reiter übertragen werden, besonders wenn man ohne Sattel reitet. Auf diese Weise erhält der Reiter direkte Physiotherapie vom Pferd.

Angelman-Kinder zeigen häufig keine ausreichende Fähigkeit, zwischen der Welt des Lebendigen und der Welt der unbelebten Gegenstände zu unterscheiden. Mit Pferden in Berührung zu kommen, kann ihnen helfen, ein lebendes Wesen wahrzunehmen. Gut ausgebildete Pferde können lernen, das raue und zeitweise sogar aggressive Verhalten des Angelman-Kindes zu tolerieren.

Ganzheitliche Heilmittel können verwendet werden, um den Kindern zu helfen, robuster zu werden und sich besser zu entspannen. Für viele Kinder kann eine Epilepsie ein Problem darstellen, und eine angemessene Behandlung ist notwendig. Diese erfordert die Mitwirkung des Kinderarztes.

10 Angelman- und Prader-Willi-Syndrom

Diese beiden Syndrome werden in fast jedem Buch über Gene erwähnt. Woran liegt das? Es liegt daran, dass trotz der Unterschiede zwischen den beiden Behinderungen sowohl beim Angelman- als auch beim Prader-Willi-Syndrom ein Teil des langen Arms von Chromosom 15 fehlt, genau genommen die Marker q11 bis q13. Der Unterschied liegt im Ursprung der Chromosomendeletion: Ein Mensch mit Angelman-Syndrom erbt es vom mütterlichen Chromosom 15, während ein Mensch mit Prader-Willi-Syndrom es vom väterlichen erbt. Die jüngste Forschung zeigt, dass die beteiligten Gene nicht genau die gleiche Länge haben, obwohl sie sich an derselben Stelle befinden. Dieses Phänomen nennt man ‚genomisches Imprinting': Dies bedeutet, dass genetisches Material anders zum Ausdruck kommt, wenn es vom Vater statt von der Mutter kommt.

Genetischer Hintergrund

Wonach also sucht ein Genetiker, wenn eines dieser beiden Syndrome vermutet wird, die Ärzte aber unsicher sind, welches von ihnen es sein könnte? Im Labor wird das Blut des Patienten untersucht, um herauszufinden, ob der relevante Abschnitt von Chromosom 15 sowohl vom Vater als auch von der Mutter ererbt wurde (die so genannte ‚biparentale Vererbung'). Ist dies der Fall, kann man zu 100 Prozent sicher sein, dass der Patient nicht das Prader-Willi-Syndrom hat, denn bei dieser Erkrankung fehlt entweder der ererbte Chromosomen-Teil des Vaters oder es gibt zwei Allele (genetische Varianten) von der Mutter. Biparentale Vererbung schließt in 70–80 Prozent der Fälle auch das Angelman-Syndrom aus. Häufig hat ein Mensch mit Angelman-Syndrom zwei paternale Allele, aber er oder sie kann auch biparentales Erbgut dieser spezifischen Allele haben.

In 20–30 Prozent der Fälle findet eine Mutation oder Mikrodeletion auf denselben Markern auf Chromosom 15, q11 bis q13, statt. Es wurde festgestellt, dass das Prader-Willi-Syndrom mit vier Genen zusammenhängt, während beim Angelman-Syndrom nur ein Gen betroffen ist. Kinder mit Angelman-Syndrom, denen ihr maternes Allel von Chromosom 15 fehlt, sind die Kinder mit den klassischeren Symptomen – mit hellen Haaren, blauäugig, mit schlechtem Gleichgewicht und in ihren Fähigkeiten sehr eingeschränkt. Die anderen Kinder – diejenigen, die eine Mutation haben – können dunkle Haare haben und weniger behindert sein. Natürlich gleichen sich keine zwei Menschen mit einem Syndrom, und wir sollten uns davor hüten, vorgefertigte Vorstellungen diesbezüglich zu haben. So traf ich bei einem Studientag für Familien mit Kindern mit Angelman-Syndrom zwei Jungen: Einer war groß, gut gebaut und konnte sich ohne Zuckungen bewegen und ziemlich normal laufen. Beide waren in der Lage, mit Zeichen aktiv zu kommunizieren. Sie hätten das Prader-Willi-Syndrom haben können, außer dass sie nicht sprechen konnten, eindeutig eine schwere geistige Behinderung und andere Anzeichen des Angelman-Syndroms hatten.

Unterschiede und Gemeinsamkeiten

„Gene sind nicht dazu da, Krankheiten zu verursachen," schreibt Matt Ridley in seinem faszinierenden Buch *Alphabet des Lebens. Die Geschichte des menschlichen Genoms* (1999, 207). Das sind sie nicht, aber bereits kleine Veränderungen in unserem genetischen Material können Behinderungen auslösen. Ich finde es immer noch erstaunlich, dass es so weit reichende Konsequenzen haben kann, wenn ein winziger Teil des Chromosoms 15 fehlt. Andererseits kenne ich Menschen mit einem oder sogar zwei zusätzlichen X-Chromosomen, und sie führen ein ziemlich normales Leben. Männer mit Klinefelter-Syndrom (XXY) z.B. sind überhaupt nicht auffällig in ihrem Verhalten. Ich kenne eine junge Frau mit vier X-Chromosomen, die mit Unterstützung ihr Leben selbst gestaltet, und Frauen mit dem Ullrich-Turner-Syndrom (die 45 Chromosomen haben, so dass ihnen ein X-Chromosom fehlt) können auch ein normales Leben führen.

Der Grad einer Behinderung kann also auch bei Menschen mit den gleichen genetischen Defekten unterschiedlich ausfallen. Die Behinderung kann normal, leicht oder sogar nicht vorhanden sein. Dabei spielen auch die Individualität des behinderten Menschen und seine Umgebung eine Rolle und schaffen Raum für Variationen in dem Grad ihrer Behinderung.

Die meisten Eintragungen in Tabelle 2 habe ich aufgrund meiner persönlichen Beobachtungen erstellt; im Einzelfall können die Eigenschaften der betroffenen Menschen auch durchaus davon abweichen.

Tabelle 2

Charakteristikum	Angelman-Syndrom	Prader-Willi-Syndrom
Fehlender Teil	maternes Chromosom 15 q11 bis q13	paternales Chromosom 15 q11 bis q13
Körperliche Erscheinung	dünn (als Kind)	rundlich, übergewichtig
Muskeltonus	zu hoch (spastisch)	zu niedrig (hypotonisch)
Appetit	schlechte Esser	kann nicht aufhören zu essen
Epilepsie	meist ja	normalerweise nicht
Schlaf	problematisch, besonders für Kinder	schläft viel, kann tagsüber einschlafen
Sprache	keine gesprochene Sprache; begrenzte Zeichensprache	spricht gern (kann manchmal nicht aufhören)
Geistige Behinderung	ziemlich stark	leicht
Verhalten	überstimuliert, aber passiv	freundlich; kann Temperaments-ausbrüche haben
Beziehung zur Umwelt	passiv, reagiert, wartet, bis man auf ihn zugeht	ausgeprägtes Interesse an der Umgebung (möchte alles wissen)

11 Wolf-Hirschhorn-Syndrom

Hierbei handelt es sich um ein seltenes Syndrom. Menschen mit diesem Syndrom fehlt ein Teil von Chromosom 4, was weit reichende Konsequenzen hat. Sie leiden unter pränataler Wachstumsretardierung und kommen mit einem niedrigen Geburtsgewicht auf die Welt. Viele Anomalien sind bei der Geburt sichtbar. Ihre Wachstumsretardierung setzt sich weiterhin fort. Der kleine Kopf hat eine typische Form, die Ohren sitzen tief und sind groß, die Augenbrauen verlaufen in einem hohen Bogen, die Nase ist hakenförmig mit einem breiten Ansatz, und der Kiefer ist klein. Der Muskeltonus der Kinder ist niedrig, und sie leiden häufig an Skelettanomalien, wobei eine schwere Skoliose (eine verbogene Wirbelsäule) besonders häufig vorkommt. Unterschiedliche Formen von Epilepsie sind ziemlich verbreitet und können schwer zu kontrollieren sein. Diese Kinder können Probleme mit dem Hören und Sehen haben, 50 Prozent haben angeborene Herzfehler, und häufige Brustinfektionen sind ebenfalls verbreitet. Nierenanomalien sind auch Teil des Krankheitsbildes. Ihre intellektuelle Entwicklung ist begrenzt; die Kinder lernen nie sprechen und sind auch in anderen Formen der Kommunikation eingeschränkt. Ihre Lebenserwartung ist gering; viele sterben jung, manche als Jugendliche. Die Lebenserwartung beträgt maximal 30 Jahre.

Beispiel: Ronald

Ronald war eines der Kinder mit dem Wolf-Syndrom. Wenn man ihm einmal begegnet ist, kann man ihn nicht leicht wieder vergessen. Er war 18 Jahre alt, als wir uns trafen, aber immer noch sehr klein, nicht einmal 1,25 m groß, und er sah wegen seines krummen Rückens noch kleiner aus. Ronald war ziemlich still, gab fast nie einen Laut von sich, und er schrie oder lachte auch nicht. Er sah Men-

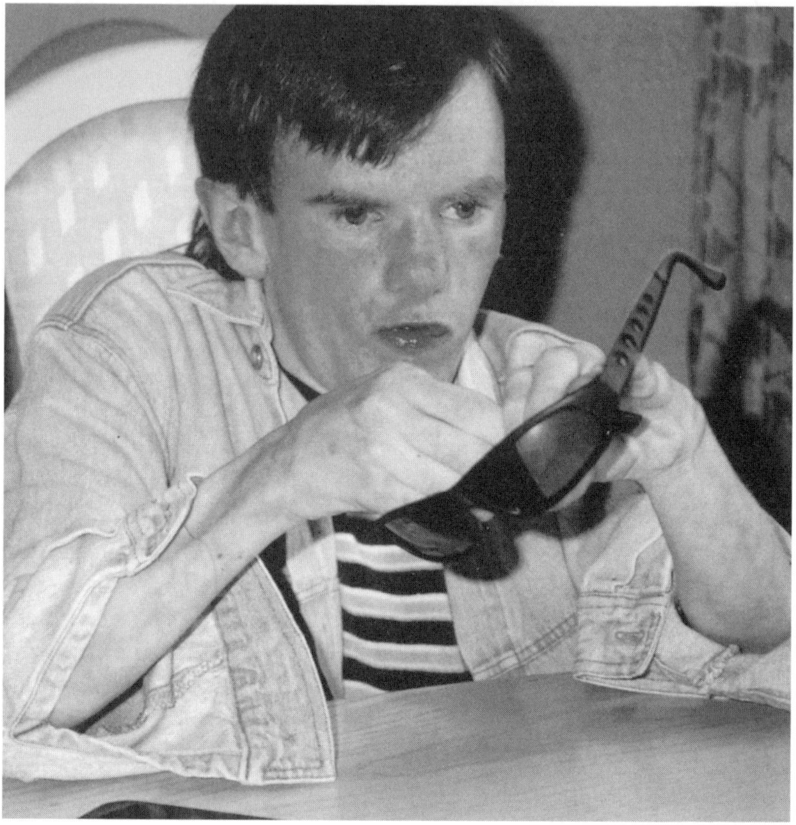

Ronald

schen nicht in die Augen, sondern verdrehte seine Augen nach oben. Ronald brauchte enorm viel Unterstützung. Als Baby war er sehr verletzlich und konnte sehr viel schlafen. Seine Mutter meinte zu spüren, dass er einfach im Schlaf sterben würde, wenn sie ihn nicht weckte – ihm schien die Kraft zu fehlen, selbst wach zu werden. Er konnte erst mit 5 Jahren laufen und wurde schließlich langsam kräftiger. Im Alter von 18 Jahren konnte er seine Hände bewegen, klatschen, seiner Mutter über das Haar streichen und mit einem Löffel essen.

Mehrere Male in der Woche machten ihm epileptische Anfälle zu schaffen, nach denen er Schlaf brauchte. Als er 16 war, hatte er einen besonders heftigen Anfall, und wir fürchteten um sein Leben. Ronald benötigte ständige Pflege. Seine Kommunikation war sehr subtil, und sein Betreuer musste in allen Bereichen auf seine Bedürfnisse eingestellt sein. Sein Gesundheitszustand war schlecht, und er brauchte viel Schlaf. Wenn er krank war, schlief er fast den ganzen Tag. Während der letzten zwei Jahre hatte sein allgemeines Wohlbefinden abgenommen; das Laufen fiel ihm schwerer, und sein Gleichgewicht hatte sich verschlechtert. Beides wurde wahrscheinlich durch die zunehmend schwere Skoliose verursacht.

Ronald wirkte auf den erstem Blick wie ein äußerst passiver Mensch, dennoch nahm er einen ziemlich wichtigen Platz in seiner Hausgemeinschaft und in seiner Klasse ein. Die anderen Kinder schätzten seine Gegenwart und bezogen ihn gerne in Aktivitäten mit ein. Seine Mutter hatte eine sehr enge Verbindung zu ihm und hoffte, dass er an die Westküste in ihre Nähe zurückziehen könnte, wo ein speziell für ihn und andere behinderte Jugendliche entworfenes kleines Haus gebaut wurde. Dies würde ihr ermöglichen, ihn öfter zu besuchen, da sich unsere Schule an der Ostküste Schottlands befindet – fünf Stunden Fahrt von ihr entfernt.

Ronald kam in unsere Schule, als er 11 Jahre alt und emotional auf dem Stand eines viel jüngeren Kindes war. Er war während seines ersten Jahres an unserer Schule ziemlich isoliert, weil er spuckte und sein geräuschvolles Gebaren die Klasse störte (er klopfte mit den Füßen auf den Boden oder schüttelte seine Hände und war gänzlich darin vertieft). Langsam wurde er jedoch Teil der Gruppe und konnte an den Aktivitäten der Klasse teilnehmen. Er konnte inzwischen Augenkontakt aufnehmen und war nicht mehr so leicht aus der Fassung zu bringen. Die Phasen, in denen er sehr angespannt war und sich in die Hände biss, nahmen allmählich ab.

Wie bereits erwähnt, hatte im Alter von 18 seine körperliche Kraft nachgelassen, aber es war erstaunlich zu beobachten, dass er nach und nach emotional stabiler wurde. In den Camphill-Schulen werden alle Kinder nach einem Lehrplan unterrichtet – sie lernen griechische Geschichte, Kunstgeschichte, Biologie und Physik, unabhängig von ihren intellektuellen Fähigkeiten. Dies ist der erste Teil des Schulvormittags. Im zweiten Teil des Vormittags wird ein spezielles Programm angeboten, das auf die spezifischen Behinderungen ausgerichtet ist. Ronald musste sich verändern, um an diesem Unterricht teilnehmen zu können, und wir sahen, dass ihm diese Entwicklung half, sich als Teil der Gruppe seiner Altersgenossen zu fühlen.

Es ist ein alljährlicher Brauch in Camphill, dass jeder am Himmelfahrtstag einen schottischen Berg besteigen muss, und natürlich kam Ronald auch mit. Er saß auf den Schultern eines Betreuers, aber auch ein paar der älteren, stärkeren Schüler halfen mit, ihn zu tragen. Ronalds Anwesenheit war besonders wichtig für John, einen jungen Mann mit einer leichten Behinderung, der zu Hause in Schwierigkeiten geriet und an unsere Schule kam. John konnte sich in Ronalds Gegenwart entspannen – ein Betreuer beschrieb es folgendermaßen: ‚Ronald ist das Gegenteil eines modernen, coolen Teenagers; er ist nicht schön, sein Rücken ist nicht gerade, er hat Pickel und er ist bestimmt nicht sexy, aber er hat Persönlichkeit.'

Ich schrieb ein paar Jahre später an seine Mutter, um mich über den aktuellen Stand der Dinge in Ronalds Leben zu informieren. Damals war Ronald inzwischen an die Westküste umgezogen. Ich erhielt folgende Antwort:

„Ronald hat sich wirklich gut in ‚An Granian' eingelebt und genießt die Gesellschaft der anderen vier Mitbewohner. Er hat sich seit seiner Rückkehr nach Oban ziemlich verändert. Er ist viel reifer und hat einen schwarzen Sinn für Humor entwickelt. Jetzt kennen ihn die Mitarbeiter besser, sie sind in der Lage, seine Bedürfnisse und Gefühle zu verstehen. Er hat immer noch diese heitere und beruhigende Wirkung auf andere, und Mitarbeiter bitten oft darum, mit

ihm arbeiten zu dürfen, wenn sie sich ein bisschen gestresst oder deprimiert fühlen, da er ihnen normalerweise gern ein Lächeln oder eine Umarmung schenkt. Sein Gesundheitszustand ist die meiste Zeit gut gewesen, obwohl er sich immer noch gelegentlich erkältet oder Halsweh bekommt. Während des ersten Jahres, als er wieder in Oban war, waren Ronalds Anfälle ziemlich häufig und sehr Besorgnis erregend, so dass der Arzt im Krankenhaus allmählich seine Medikamente umstellte. Inzwischen haben wir seine Anfälle besser unter Kontrolle. Sie passieren nicht so oft und sind für gewöhnlich nicht zu stark. Er ist kräftiger geworden, und glücklich, und an den meisten Tagen kann er gut laufen, außer wenn er müde ist oder sich nicht wohl fühlt.

Es ist schön, Ronald in Oban zurückzuhaben, nur zehn Minuten Fahrt von mir entfernt. Ich sehe ihn jeden Tag und bin an seinem Alltag sehr stark beteiligt. Sein Bruder studiert, kommt aber jedes zweite oder dritte Wochenende nach Hause, um etwas Zeit mit Ronald zu verbringen, und sie sind immer noch sehr eng miteinander verbunden.“

Wir können Ronalds Leben nicht bewerten, indem wir das betrachten, was er in seinem Leben erfolgreich erreicht hat; seine Taten sind nicht sichtbar. Wenn wir jedoch etwas weiter blicken und betrachten, was im Raum um ihn herum geschieht, nehmen wir ein anderes Bild wahr. Wir sehen, dass er in anderen Menschen Qualitäten hervorbringt, die ansonsten vielleicht nicht zum Vorschein gekommen wären, und angenehme zwischenmenschliche Begegnungen unter denen schafft, die ihn umgeben. Ronald ist auf unbewusste Weise in seinem Umfeld aktiv. Es entsteht das Bild eines menschlichen Wesens, das sein Leben in meditativer Weise verbringt; er ist sanftmütig und beklagt sich nicht. Er hat Phasen der Ruhelosigkeit und Anspannung, aber wenn er sich angenommen und auf die richtige Art versorgt fühlt, entspannt er sich.

Als ich dieses Buch zu Ende schrieb, machte jemand mir gegenüber eine Bemerkung über Kwan, einen kleinen indischen Jungen mit einer seltenen metabolischen Störung. Er hat den Körper eines Kleinkindes, obwohl er 9 Jahre alt ist, und lebt zurückgezogen in seiner eigenen Welt. Manchmal lacht er hell. Allmählich versteift sich aber sein Körper. Seine Lebenserwartung ist begrenzt; seine Fähigkeit zu laufen hat sich bereits verschlechtert. Er ist ein wunderschönes Kind, das uns Sorgen macht, wenn es aufhört zu essen oder zu lachen. Alle lieben ihn, und wegen seiner friedvollen Ausstrahlung ist er das Zentrum der Hausgemeinschaft. „Wenn ich mit Kwan arbeite", sagte ein Betreuer, „erlebe ich einen Giganten." Wer kennt die Wege des Schicksals?

Danksagung

Es war eine Freude, Hilfe zu finden, als ich danach suchte. Viele Menschen haben dieses Projekt unterstützt. Theresa McCafferty half mir, den Schreibprozess ins Rollen zu bringen. Wir studierten die verschiedenen Syndrome zwei Jahre lang im Therapiecollege in Camphill-Schulen, und dies half mir zusätzlich beim Verständnis dieser Behinderungen. Mario Domen hat enorm viel Tipp- und Redaktionsarbeit geleistet, und er hielt mich in der Anfangsphase des Projekts bei der Stange. Ohne ihn hätte ich nie gewagt, dieses Buch anzufangen. Der Kreis erweiterte sich; Eileen Billett half beim Tippen, John Anderson und Sandra Stoddard nahmen sprachliche Korrekturen vor, und Max Desorgher gebrauchte sein Redaktionstalent, um es vorzeigbar zu machen. Ziemlich viele Leute lasen das Manuskript und kommentierten es – Dr. Martin Niemeyer, Professor Bremer, Jaap van der Wal, Dr. Anneke Meuwese und Jackie Waters.

Am meisten gilt mein Dank den Menschen, deren Leben ich geteilt und beschrieben habe. Mein übergeordnetes Ziel war es, ihre Würde und die Würde jedes anderen mit einem genetischen Syndrom zu respektieren – Gene und Chromosomen können ihre Menschlichkeit nie erklären. Es sei an dieser Stelle kurz erwähnt, dass ich, aus unterschiedlichen Gründen, in meinem Buch auch eine Behinderung aufgenommen habe, die nicht genetisch bedingt, sondern eine pränatale Entwicklungsstörung ist: das Fetale-Alkoholsyndrom.

All die Menschen, deren Lebensgeschichte ich erzählt habe, oder ihre Eltern, gaben mir die Erlaubnis, dies zu tun, und waren über mein besonderes Interesse erfreut. Nur Alistair, aus dem Kapitel über das Williams-Syndrom, konnte dies nicht tun, da er bereits gestorben ist. Seine Mutter setzte sich vor ihrem eigenen Tod dafür ein, dass ihr Sohn in das Buch aufgenommen würde. Ich möchte mich auch bei meinem Vater und bei meiner Mutter bedanken; ohne sie wäre ich nicht hier.

Meine Erfahrungen als Ärztin haben mir geholfen, dieses Buch zu schreiben. Die Menschen, die ich beschreibe, sind Kinder und Jugendliche, die in dem Internat einer Camphill-Einrichtung leben. Daher können vielleicht manche Aspekte meiner Erfahrungen nicht eins zu eins auf andere Menschen, die in anderen Verhältnissen leben, übertragen werden. Ich hoffe dennoch, dass dieses Buch Menschen mit Behinderungen, Eltern und Betreuern nützlich sein wird. An jeglicher Art von Reaktionen, Korrekturen oder anderen Kommentaren über dieses Buch bin ich sehr interessiert.

Marga Hogenboom, 2001

Literatur

Ani, C., Grantham-McGregor, S., Muller, D. (2000): Nutritional supplementation in Down Syndrome. Theoretical considerations and current status. Developmental Medicine & Child Neurology 42, 207–213

Arnim von, G., Engel, P. (1964): Mental retardation related to hypercalcaemia. Developmental Medical Child Neurology 6, 366–377

Bauer, D. (1986): Gespräche mit Ungeborenen. Kinder kündigen sich an. Freies Geistesleben, Stuttgart

Beattie, J. O. (1992): Alcohol exposure and the fetus. European Journal of Clinical Nutrition 46, 7–17

Benda, C. E. (1947): Mongolism and Cretinism. William Heinemann, London

– (1960): The Child with Mongolism: Congenital Acromicria. Grune and Stratton, New York

Bernhardt, B. A. (1997): Empirical evidence that genetic counseling is directive. American Journal for Human Genetics 60, 1, 17–21

Bos van, W. (1997): Praags leven van strijd. Weekeditie nrc-Handelsblad, 17. Juni

Boston, S. (1994): Too Deep for Tears. Pandora, London (Deutsch: Boston, S. (1991): Mein Sohn Will. Bericht über ein mongoloides Kind. éditions trèves, Trier)

Connor, M., Ferguson-Smith, M. (1997): Essential Medical Genetics. Blackwell Science, Oxford

Croockshank, F. G. (1931): The Mongol in our Midst. Kegan Paul, Trench, Trubner & Company, London

Darwin, C. (1958): The Autobiography of Charles Darwin, 1809–1882. Collins, London

Dawkins, R. (1976): The Selfish Gene. Oxford University Press, Oxford (Deutsch: Dawkins, R. (2002): Das egoistische Gen. Rowohlt, Reinbek)

Denger, J. (1990): Plädoyer für das Leben mongoloider Kinder. Freies Geistesleben, Stuttgart

Dorris, M. (1992): The Broken Cord. A Father's Story. Warner Brooks (Deutsch: Dorris, M. [1997]: Erzähl' ihm nicht von den Bergen. Indianerkinder ohne Hoffnung? Droemer Knaur, München)

Down, J. L. (1990): Mental Affections of Childhood and Youth. Blackwell, Oxford
Eeden van, F. (1983): When our child smiled. In: Spreuken, gedichten en liedjes voor kinderen. Christofoor, Zeist (Titel übersetzt von der Autorin)
Fisher, E. P. (1991): Die Beweglichkeit der Gene. Scientific Publication Ltd. Goldmann Verlag, München
Foudraine, J. (1971): Wie is van Hout? Ambo (Deutsch: Foudraine, J. [1981]: Wer ist aus Holz? 4. Aufl. Deutscher Taschenbuch Verlag, München)
Fried, R. (1996): Journal for Curative Education and Social Therapy, Weihnachten/Neujahr
Gershom, Y. (1992): Beyond the Ashes. ARE Press, Virginia (Deutsch: Gershom, Y. [1997]: Kehren die Opfer die Holocaust wieder? Geering, Dornach)
Gold, L. (1996): Cats are not Peas: A Calico History of Genetics. Springer, New York
Grünewald, P. (1997): Journal for Curative Education and Social Therapy, Summer, 1
Hamer, D. H., Copeland, P. (1998): Das unausweichliche Erbe. Wie unser Verhalten von unseren Genen bestimmt ist. Scherz, Bern/München u. a.
Harris, J. C. (1995): Developmental Neuropsychiatry II. Oxford University Press, Oxford
Heaf, D. (2000): The human being. New View, Herbst, 7–12
Holdregde, G. (1996): A Question of Genes. Understanding Life in Context. Floris Books, Edinburgh
Hubbard, R., Wald, E. (1997): Exploding the Gene Myth. Beacon Press, Boston, MA
Jones, K. L. (1997): Smith's Recognisable Patterns of Human Malformations. W. B. Sanders Company, Philadelphia
Jones, S. (1997): In the Blood. God, Genes and Destiny. Flamingo, London (Deutsch: Jones, S. [1998]: Gott und die Gene. Die Berichte der Bibel und die Erkenntnisse der Genetik. Hoffmann und Campe, Hamburg)
Jordan, R. (1999): Autistic Spectrum Disorders. David Fulton Publishers, London
Kent, T. K. (1946): Materia Medica. Boericke & Tafel, Philadelphia
König, K. (1959): Der Mongolismus. Hippokrates, Stuttgart
Lane, D. (1985): Current Approaches to Down's Syndrome. Holt, Rinehart and Winston, London
Mae-Wan, H. (1997): Genetic Engineering. Gateway Books, Bath
Mallalieu, B. (1997): x-certificate Behaviour. Guardian, 12. Juni

Mandela, N. (1994): Der lange Weg zur Freiheit. Fischer, Frankfurt/M.
Müller-Wiedemann, H. (1996): Karl König, a Central-European Biography of the Twentieth Century. Camphill Books (Deutsch: Müller-Wiedemann, H. [1992]: Karl König. Eine mitteleuropäische Biographie im 20. Jahrhundert. Freies Geistesleben, Stuttgart)
Nelkin, D., Lindee, S. (1995): The DNA Mystique: The Gene as a Cultural Icon. W. F. Freeman, New York
Niemeijer M.H., Gastkemper M., Kamps F.H.M. (1999): Ontwikkelings Stoornissen bij Kinderen. Van Gorcum, Assen
O'Brien, G., Yule, W. (1995): Behavioral Phenotypes. MacKeith Press, Cambridge
Phethean, R. (1998): Journal for Curative Education and Social Therapy, Summer, 4–13
Ridley, M. (1999): Genome. Fourth Estate, London (Deutsch: Ridley, M. [2000]: Alphabet des Lebens. Die Geschichte des menschlichen Genoms. Claasen, München)
Sacks, O. (1996): The Island of the Colour Blind. Picador
Sahlman, L., Weihs, A. und Ureki, B. (1996): The Higher Senses and the Seven Life Processes. Camphill Books
Shapiro, B. L. (1994): The environmental basis of the Down Syndrome phenotype. Developmental Medicine and Child Neurology 36, 84–90
Silvers, R.B. (Hrsg.) (1997): Hidden Histories of Science. Granta Books, London (Deutsch: Silvers, R.B. [Hrsg.] [1998]: Verborgenen Geschichten der Wissenschaft. Droemer Knaur, München)
Sinason, V. (1992): Mental Handicap and the Human Conditions. Free Association Books, London (Deutsch: Sinason, V. [2000]: Geistige Behinderung und die Grundlagen menschlichen Seins. Beltz, Weinheim)
Steiner, R. (1980): Voeding en Bewustzijn. Zeist: Vrij Geestesleven
(Deutsch: Steiner, R. (2000): Ernährung und Bewusstsein. Freies Geistesleben, Stuttgart)
– (1998): Education for Special Needs. Rudolf Steiner Press, London
Steinhausen, H.C., Willms, J. und Spohr, H.-L. (1993): Long-term psychopathological and cognitive outcome of children with Fetal Alcohol Syndrome. Journal of the American Academy of Child and Adolescent Psychiatry 32, 5, 990–994
Stratford, B. (1989): Down's Syndrome. Penguin Books, Harmondsworth
Stessguth, A.P. et al. (1991): Fetal Alcohol Syndrome in adolescents and adults. Journal of the American Medical Association 265, 15 (1961–1967)
Travers, P.L. (1994): Mary Poppins in the Park. Lions, London (Deutsch: Travers, P.L. [1990]: Mary Poppins im Park. Dressler, Hamburg)

Trevarthen, C., Kenneth, A., Papoudi, D., Robarts, J. Z. (1998): Children with Autism: Diagnosis and Interventions to Meet their Needs. Jessica Kingsley, London
Watson, J. D. (1968): The Double Helix. A Personal Account of the Discovery of the Structure of DNA. Weidenfeld and Nicolson, London (Deutsch: Watson, J. D. [2001]: Die Doppelhelix. Ein persönlicher Bericht über die Entdeckung der DNS-Struktur. Rowohlt, Reinbek)
Weihs, T. J. (2000): Children in Need of Special Care. Revised edition. Souvenir Press, London (Deutsch: Weihs, T. J. [1995]: Das entwicklungsgestörte Kind. Heilpädagogische Erfahrungen in der therapeutischen Gemeinschaft. 4. Aufl. Freies Geistesleben, Stuttgart)
Williams, J. C. P., Baratt-Boyes, B. G., Lowe, J. B. (1961): Supravalvular aortic stenosis. Circulation 24, 1311–1318
Williams, Angelman, H. et al. (1995): Angelman Syndrome: Consensus for diagnostic criteria. American Journal of Medical Genetics 56
Wirz, J. (1997): The Future of DNA. Kluwert Academic Publisher, Dordrecht
– (1996): Schritte zur Komplementarität in der Genetik. Elemente der Naturwissenschaft 96

Empfehlenswert aus dem Ernst Reinhardt Verlag

Achilles, I. (2002): „... und um mich kümmert sich keiner!" Die Situation der Geschwister behinderter und chronisch kranker Kinder. 3. Auflage. ISBN: 3-497-01620-9
– (2002): Was macht Ihr Sohn denn da? Geistige Behinderung und Sexualität. 3. Auflage. ISBN: 3-497-01604-7
Bock, A. (2002): Leben mit dem Ullrich-Turner-Syndrom. ISBN: 3-497-01618-7
Frühförderung interdisziplinär. Zeitschrift für die Praxis und Theorie der frühen Hilfe für behinderte und entwicklungsauffällige Kinder. Organ der Vereinigung für Interdisziplinäre Frühförderung e.V. Herausgegeben von Prof. Dr. phil. Otto Speck, Prof. Dr. med. Gerhard Neuhäuser, Prof. Dr. phil. Franz Peterander und Prof. Dr. med. Jörg M. Fegert
Gäng, M. (Hrsg.) (2002): Ausbildung und Praxisfelder im Heilpädagogischen Reiten und Voltigieren. 3. Auflage. ISBN: 3-497-01649-7
Hunt, Nigel (2000): Die Welt des Nigel Hunt. Tagebuch eines Jungen mit Down-Syndrom. 5. Auflage. ISBN: 3-497-01524-5
Lang, P., Sarimski, K. (2003): Das Fragile-X-Syndrom. Ein Ratgeber für Eltern. ISBN: 3-497-01679-9
Speck, Otto (1999): Menschen mit geistiger Behinderung und ihre

Erziehung. Ein heilpädagogisches Lehrbuch. 9. Auflage. ISBN: 3-497-01514-8
– (2003). System Heilpädagogik. Eine ökologisch reflexive Grundlegung. 5. Auflage. ISBN: 3-497-01626-8
Tamm, C. (1993): Diagnose Down-Syndrom. ISBN: 3-497-01244-0

Adressen

(Stand: Mai 2003)

Down-Syndrom

Deutschland

Arbeitskreis DOWN-Syndrom e.V.
Am Schäferhof 27, 27308 Kirchlinteln
Tel.: +49 (0) 42 36/9 41 01
Fax: +49 (0) 42 36/9 41 02
Homepage: www.down-syndrom.de
E-Mail: Arbeitskreis@Down-Syndrom.de

Österreich

Infoplattform Down-Syndrom Österreich
Homepage: www.down-syndrom.at/
E-Mail: anna.wieser@tuwien.ac.at

Schweiz

EDSA Schweiz
Tel.: +41 (0) 3 19 72 58 70
Homepage: www.edsa.ch
E-Mail: info@edsa.ch

Williams-Syndrom

Deutschland

Bundesverband Williams-Beuren-Verband e.V.
(Der Verband betreut auch Familien aus der Schweiz)
Bornkamp 5 a
23795 Fahrenkrug
Tel.: +49 (0) 45 51/64 93
Fax: +49 (0) 45 51/9 39 67
Homepage: www.w-b-s.de
E-Mail: Heinz.Porta@w-b-s.de

Österreich
Thomas Petz
Telefonweg 125/F 6
A-1220 Wien
Tel.: +43 (0) 1 22 22/16 67 66

Rubinstein-Taybi-Syndrom

Homepage: rts.freeservers.com/rts.html

Fragiles-X-Syndrom

Deutschland
Interessengemeinschaft Fragiles-X e.V.
Goethering 42, 24576 Bad Bramstedt
Tel./Fax: +49 (0) 41 92/40 53
Homepage: www.frax.de
E-Mail: info@frax.de

Österreich
Rudolf Höhl
Zeillerbauerstr. 21
A-4540 Bad Hall
E-Mail: rudolf.hoehl@frax.de

Schweiz
Manuela Ammann
Wangimattweg 2
CH-8142 Vitikon-Waldegg
Tel.: +41 (0) 14 91/48 06
E-Mail: manuela.ammann@frax.de

Das Fetale-Alkoholsyndrom (FAS)

Deutschland
FASWORLD
Homepage: www.fasworld.de
E-Mail: fas@fasworld.de

Prader Willi Syndrom

Deutschland
Prader Willi Syndrom Vereinigung Deutschland e.V.
Söllockweg 66, 4 5357 Essen
Tel.: +49(0)201/602802
Fax: +49(0)201/8695783
Homepage: www.prader-willi.de
E-Mail: info@prader-willi.de

Österreich
PWS Austria.Frohnburg
Hellbrunner Allee 53, A-5020 Salzburg
Tel.: +43(0)662/620826
Fax: +43(0)662/621746
E-Mail: office@prader-willi.at

Schweiz
PWS Vereinigung Schweiz
Andreas Bächli (Präsident)
Bugg 3, CH-9478 Azmoos
E-Mail: mail@prader-willi.ch

Angelman-Syndrom

Deutschland
ANGELMAN e. V.
Angelman Elternverein
Boothstr. 21, 1 2207 Berlin
Tel.: +49(0)30/76806750
Fax: +49(0)30/76806752
Homepage: www.angelman.de
Schweiz: www.angelman.ch

Wolf-Hirschhorn-Syndrom

Deutschland
Michael Stark
Ringstr. 24, 5 0129 Bergheim
Fax: +49(0)2271/757672
E-Mail: info@wolf-hirschorn.de

Sachverzeichnis

Alkohol, Missbrauch während der Schwangerschaft 74, 75, 76, 77, 83
Alzheimer 43
Angeborener Herzfehler 39, 44, 45, 47, 51, 54, 57, 76, 113
Antipsychiatrische Bewegung 10
Aortenstenose (Williams-Syndrom) 44, 46
Aphasie 40
Ataxie 106
Autismus 11, 18, 27, 41, 63, 64

(Das) behinderte Lächeln 79, 80
Biologische Psychiatrie 10, 12
Biparentale Vererbung 110
Blutdruck 91

Camphill 4, 13, 14, 35, 41, 42, 46, 55, 60, 62, 67, 72, 73, 100, 101, 116, 119, 120
Carbamazepin (Tegretol) 81
Chorea Huntingdon 19
Chromosomale Störungen (s. a. DNS; Gene) 9, 11, 18, 20, 24, 28, 30, 33, 34, 45, 51, 53, 59, 60, 61, 65, 110, 111, 112, 113
Corpus callosum 106, 107
Cytosin Guanin Guanin (CGG) 61

Depression 42, 84, 88
Diabetes 91
DNS 16, 19, 20, 21, 22, 23

Echolalie 64
EEG 57, 103, 104, 107, 128
Ego-Hysterie 60
Elastin-Gen (Williams-Syndrom) 45, 46
Epilepsie 9, 11, 57, 63, 96, 103, 104, 107, 109, 112, 113
Erblichkeit 12, 16, 18, 19, 21, 22, 25, 33, 51, 59, 61, 110
–, Mendelsche Regeln 12, 22
Ernährungstherapie s. Therapeutische Maßnahmen
Eugenik 18, 23
Eurythmie s. Therapeutische Maßnahmen

Fetaler-Alkoholeffekt 77, 83
Fundoplicatio 97, 98

Genetik, Anomalien 9, 33, 51
–, Forschung/Genforschung 17, 18, 20, 21, 22, 39, 53, 59, 64, 110
–, Mosaizismus 34
–, Non-Disjunktion 33
–, Translokation 33
–, Trisomie 11, 18, 33, 51

Happy Puppet Syndrom 96
Heilerziehung 108
Herz-Kreislauf-Symptome 91
Herzprobleme 39
Homöopathie 94
Human Genome Project 18
Hyperaktivität 54, 63, 76, 82, 103, 104, 106, 108
Hyperkalzämie (Williams-Syndrom) 44
Hypersensibilität 27, 60, 66

Hypopigmentierte Haut, Haare und Augen 106
Hypothalamus 91, 94

Kernspintomographie 50
Klinefelter-Syndrom 111
Kunst s. Therapeutische Maßnahmen
Kurzzeitgedächtnis 64, 91

Massagetherapie s. Therapeutische Maßnahmen
Maxilla 76
Menstruation 85
Metabolische Prozesse 107
Metabolische Störungen 118
Mikrocephalie 57, 76
Mikrophthalmie 76
Motivation 9
Musik 12, 21, 25, 38, 46, 47, 50, 51, 58
Musiktherapie s. Therapeutische Maßnahmen
Myelinscheide 107

Obsessionen 58, 93

Philtrum 76
Physiotherapie s. Therapeutische Maßnahmen

Rapid Eye Movement/(REM-) Schlaf 93
Reiten s. Therapeutische Maßnahmen

Schilddrüse 39
Schizophrenie 18
Schlafapnoe 93, 94
Schlafstörung 106
Selbst, Entwicklung des 42
Skoliose 113, 115

Targeted Nutritional Intervention (TNI) 43
Temporallappen 50, 51, 107
Therapeutische Maßnahmen, Bewegungstherapie (Eurythmie) 29, 82
–, Ernährungstherapie 43
–, Kunsttherapie 29, 34, 35, 54, 73, 80
–, Musiktherapie 29
–, Physiotherapie 97, 98, 100, 108, 109
–, Reittherapie 29, 82, 101, 109
–, Rhythmische Massage 29, 82, 108

Ullrich-Turner-Syndrom 111
Unilaterale temporale Hyperplasie 107

Vitamine 44

Zerebellare Hyperplasie 107

Petra Lang / Klaus Sarimski
Das Fragile-X-Syndrom

Ein Ratgeber für Eltern

2003. ca. 125 Seiten
ca. 4 Fotos.
(3-497-01679-0) kt

Sie sind zappelig, impulsiv, berührungsempfindlich und scheu. Später als andere lernen sie laufen und sprechen: Kinder mit Fragilem-X-Syndrom.
Obwohl das Syndrom eine der häufigsten angeborenen Ursachen von Lernbeeinträchtigung und geistiger Behinderung ist, ist es auch unter Fachleuten noch zu wenig bekannt. Der lange Weg von der Beobachtung erster Verhaltensauffälligkeiten bis zur Diagnose kann daher für Eltern besonders leidvoll sein.
In diesem Buch schildert die Mutter eines betroffenen Jungen ihre Erfahrungen bei der Suche nach einer Erklärung für das herausfordernde Verhalten ihres Kindes. Sie erzählt von der eigenen Unsicherheit, von Selbstzweifeln, von unzureichender fachlicher Aufklärung und von den Sorgen um die Zukunft eines dauerhaft behinderten Kindes. Sie zeigt aber auch, wie man sich der erzieherischen Herausforderung stellt und individuelle Lösungen für Alltagsschwierigkeiten findet.
Ergänzt wird dieser Erfahrungsbericht durch einen Überblick über den medizinischen, psychologischen und pädagogischen Kenntnisstand aus der Beratungspraxis eines Fachmanns. Ein Buch, das nicht nur informiert, sondern auch Mut macht! Mit Adressen und zahlreichen Literaturtipps, die weiterhelfen.

ERV reinhardt

Ernst Reinhardt Verlag • München Basel
E-Mail: info@reinhardt-verlag.de
http://www.reinhardt-verlag.de

Nigel Hunt
Die Welt des Nigel Hunt

Nigel, ein Junge mit Down-Syndrom, gibt in seinen eigenen Worten authentische Einblicke in seine Welt.
Dieses dokumentarische Zeugnis ist nicht nur ein Beleg für die Möglichkeit einer intensiven pädagogischen Förderung. Es zeigt auch, wie ausgeprägt und differenziert sich die Persönlichkeit geistig behinderter Menschen gestalten und bis zu welch hohem Grad die personal-soziale Integration gelingen kann.
Ein lebendiges, faszinierendes Leseerlebnis und eine große Ermutigung für betroffene Familien.

Tagebuch eines Jungen mit Down-Syndom

Mit einem Geleitwort von Otto Speck

Aus dem Englischen von Ute Hüffner

5. neugestalt. Auflage 2000
74 Seiten
(3-497-01524-5) kt

Pressestimme

„... Eine Einladung, sich in die Innenwelt, in das Denken und Fühlen eines so genannten geistig Behinderten zu begeben. Der unverstellte Einblick, den Nigel hier gewährt, macht die Texte so interessant und lehrreich. Nicht zuletzt verleiht er dem Buch einen quasi dokumentarischen Wert und macht es zum Sprachrohr für all diejenigen, die sich nicht so wie Nigel ausdrücken können. Für die Beratungspraxis hat das Buch aber durchaus die Kraft, betroffenen Eltern Hoffnung und eine neue Perspektive zu vermitteln.“ Forum Logopädie

Ulrike Theilen
Mach doch mit!

Lebendiges Lernen mit schwerbehinderten Kindern

3. Auflage 1999
201 Seiten. 54 Abb.
(3-497-01407-9) kt

Die besondere Lebenssituation von schwer- und mehrfachbehinderten Kindern und Jugendlichen verlangt auch eine besondere Planung und Gestaltung des Unterrichts. Ein rein lernzielorientiertes Vorgehen stößt schnell an seine Grenzen; curriculare Darstellungen lassen sich nicht immer mit geeigneten Inhalten füllen und scheinen dann kaum realisierbar zu sein.
So werden in diesem Buch mögliche Schwerpunkte in der vorschulischen und unterrichtlichen Arbeit einmal vom Inhalt her aufgezeigt: Was erlebe ich in Verbindung mit einem bestimmten Material oder Gegenstand? Was kann ich damit tun, was kann sich dadurch verändern? In der spielerischen Auseinandersetzung mit bestimmten Materialien, im Erforschen von Farben und Klängen soll dem schwerstbehinderten Kind ein Stück Welt geöffnet werden, immer auch in der lebendigen Beziehung zu anderen. Der Leser findet in diesem Band erprobte und konkret ausgearbeitete Unterrichtseinheiten, die sich sowohl in Einzel- als auch in Gruppensituationen durchführen lassen. In jeder thematischen Einheit werden verschiedene Aktivitäten, Beobachtungshilfen und Unterrichtsbeispiele vorgestellt.

Ilse Achilles
... und um mich kümmert sich keiner

Die Situation der Geschwister behinderter und chronisch kranker Kinder

Mit einem Geleitwort von Waltraud Hackenberg

3., überarb. Auflage 2002
181 Seiten
(3-497-01620-9) kt

Wenn in einer Familie Kinder mit und ohne Behinderung miteinander aufwachsen, sind nicht nur die Eltern gefordert. Auch die Geschwister sind beteiligt: wenn es darum geht, auf den autistischen Bruder aufzupassen, oder wenn sie zur Therapiestunde der geistig behinderten Schwester mitgenommen werden – vielleicht mehrmals pro Woche. Die Geschwister stellen ihre Wünsche oft zurück, weil das behinderte Kind zuerst versorgt werden soll. Sicherlich nicht immer freiwillig und nicht immer gern. Die Geschwister nehmen Rücksicht, und sie tragen früh einen Teil der Verantwortung für das behinderte Kind.

Die Belastungen für die Geschwister können schwer wiegen, sie können aber auch eine Chance sein. Ilse Achilles beschreibt, wie sich die Geschwister der Kinder mit einer Behinderung entwickeln. Sie erklärt, welche Chancen und Risiken mit der besonderen Familienkonstellation verbunden sind. Und sie zeigt an vielen Beispielen, wie Eltern und soziales Umfeld die Entwicklung der Geschwister unterstützen und Gefährdungen vermeiden oder verringern können. Ein bereicherndes Buch für einen ungezwungenen Umgang mit Kindern – ob mit oder ohne Behinderung.

Ernst Reinhardt Verlag • München Basel
E-Mail: info@reinhardt-verlag.de
http://www.reinhardt-verlag.de

reinhardt

Walter Straßmeier
Frühförderung konkret

260 lebenspraktische Übungen für entwicklungsverzögerte und behinderte Kinder

5. Auflage 2002
289 Seiten
Zahlr. Abb.
(3-497-01613-6) kt

Ein bewährtes, instruktives Arbeitsbuch zur Frühförderung.

Die Förderanregungen ermöglichen eine gezielte erzieherische und therapeutische Arbeit mit entwicklungsverzögerten und behinderten Kindern im Alter von 0 bis 5. Zu jeder Aufgabe werden Ziel, Material, methodisches Vorgehen und Querverbindungen detailliert beschrieben.

Aus dem Inhalt

Das ist beabsichtigt
So ist das gesamte Programm aufgebaut
Davon gehen wir aus
Das kann das Programm leisten
So gehen Sie vor:
- Abschätzen des Entwicklungsstandes
- Festlegen der Ziele
- Arbeit mit dem Kind
- Überprüfen des Erfolges

Fördervorschläge:
- Selbstversorgung/Sozialentwicklung
- Feinmotorik
- Grobmotorik
- Sprache
- Denken/Wahrnehmung